EL ARTE DE ACONSEJAR

Copyright Neftalí Hernández
Sonsonate El Salvador 2020

1. INFORMACIÓN GENERAL

PARA EL LECTOR

Querido lector, el motivo de preparar la presente literatura, es con el fin de facilitar su aprendizaje en el conocimiento de la consejería. Dicho estudio se encuentra adaptado, de acuerdo con el programa del Plan Básico para los institutos bíblicos de América Latina. Bendiciones querido lector.

Autor: Neftalí Hernández.

CONTENIDO

N°	TEMA	Pág.
	Capítulo 1: Nociones de la consejería	
1	Información general	3
2	Consideraciones básicas	7
3	Otras consideraciones básicas	10
4	Otras consideraciones básicas (cont.)	14
5	El inconsciente	18
6	Los mecanismos de defensa	20
7	Los mecanismos de defensa (cont.)	24
	Capítulo 2: Metodología	
8	La técnica no directiva	29
9	La técnica no directiva (cont.)	31
10	Métodos para aconsejar	34
11	Elementos en el proceso de aconsejar	38
12	Otros elementos en el proceso de aconsejar	42
	Capítulo 3: Temas de consejería	
13	El matrimonio	48
14	La vida sexual en el matrimonio	51
15	Elección del futuro cónyuge y noviazgo	54
16	Armonía matrimonial	57
17	Armonía matrimonial (cont.)	59
18	Aspectos importantes en pareja	62
19	Asesoramiento premarital y matrimonial	65

20	Asesoramiento matrimonial	67
21	Problemas del sexo	69
	Capítulo 4: **Complicaciones sicológicas**	
22	Formación del niño	75
23	Formación del niño (cont.)	77
24	La adolescencia	79
25	Alcoholismo y drogadicción	83
26	Alcoholismo y drogadicción (cont.)	84
27	El control de las emociones	88
28	La depresión	92
29	Consejería a las personas deprimidas	95
30	Enfermedad y pérdida	98

Capítulo 1

Nociones de la consejería

2. CONSIDERACIONES BASICAS

1. El asesorar es una parte importante del ministerio. El asesorar no es fácil, es agotador, consume tiempo, y a veces no se logran los resultados esperados. Pero es importante cumplir con este ministerio tan necesario para el bien de los demás. El asesorar también tiene un gran valor para el pastor. Conocer a sus miembros y sus problemas, le da la oportunidad de preparar sermones más comprensibles, prácticos y profundos. Los miembros recibirán más ayuda de los mensajes para enfrentarse con sus problemas y se sentirán más cerca de su pastor. Se dijo acerca de un pastor que no quería involucrarse en la vida de sus miembros: «Durante la semana es invisible y el día domingo, incomprensible».

Además de enriquecer el ministerio, el aconsejar proporciona muchas oportunidades de llevar almas angustiadas a los pies de Cristo.

2. Los dos métodos principales para asesorar: Una forma de asesorar que los pastores han empleado a través de los siglos se denomina *la* **técnica directiva**. En esta técnica el papel del pastor es semejante al del médico. El miembro describe su problema y el pastor formula preguntas, reúne información, hace el diagnóstico y le ofrece el remedio. La única responsabilidad del asesorado es cooperar con el pastor y llevar a cabo su consejo.

Aunque este método a veces da buenos resultados, presenta muchas debilidades y peligros. El pastor puede equivocarse en su diagnóstico y perder la oportunidad de ayudar al asesorado. En tal caso, el consejo sería más perjudicial que beneficioso. Este método priva al asesorado de la oportunidad de ver por sí mismo su problema y comprenderse a sí mismo. También puede quitarle al asesorado la oportunidad de sanarse emocionalmente. El proceso de asesorar no es simplemente un proceso intelectual, sino que involucra tanto la mente como las emociones. Muchos de los problemas no se encuentran en la mente sino en el área de las necesidades personales, de las relaciones emocionales que tienen que ver con la satisfacción de los deseos básicos y con las frustraciones que resultan cuando estos no se satisfacen. El método directivo no da lugar a la libre expresión de emociones, sentimientos y actitudes, pues la dirección que da el pastor tiende a inhibir (estorbar o reprimir) a la persona, haciendo que las emociones se interioricen, en vez de permitir que el asesorado las desahogue. Finalmente, la persona que es aconsejada puede acostumbrarse a depender del pastor en vez de resolver sus propios problemas.

La técnica directiva puede presentar al pastor la tentación de satisfacer su propio «yo», la de posar como una autoridad que sabe todas las respuestas. Trataría al asesorado con condescendencia en vez de situarse en un plano de igualdad.

Por regla general, no conviene usar la técnica directiva. Pero en la experiencia pastoral, a veces se hacen combinaciones de este método con el indirecto, especialmente después de comenzar con la técnica no directiva y de encontrar el problema.

La segunda forma de asesorar se llama ***técnica no directiva***. Es el método que ha desarrollado Sigmund Freud, el padre de la sicoterapia. Aunque tanto el creyente como la mayoría de los sicólogos modernos rechazan muchas de las ideas freudianas, el pastor puede emplear algunos conocimientos comprobados y la técnica de los sicólogos.

En la técnica no directiva, el asesorado es la figura central; habla libremente de su problema y de sus sentimientos. El asesor le escucha, reflexiona y responde. No es juez ni consejero con todas las respuestas. El asesorar es una relación interpersonal en la cual dos personas se concentran en esclarecer los sentimientos y problemas de una, y se ponen de acuerdo en considerar la solución. El consejero ayuda al asesorado a comprenderse a sí mismo, a encontrar el problema, a ver las alternativas, a tomar su propia decisión y a llevarla a cabo.

La técnica puramente no directiva puede tener algunas desventajas. A veces, el consejero se mantiene demasiado pasivo y no le proporciona al asesorado las reflexiones, información, sugerencias y alternativas necesarias para que este pueda llegar a decisiones razonadas y basadas en la verdad bíblica. También esta técnica puede ocupar mucho tiempo en el laborioso proceso de conducir a un consultante, para llegar a conocer su problema y pensar en las alternativas que tiene. No todos los pastores cuentan con suficiente tiempo para usar este método, sin embargo, la técnica no directiva, cuando es modificada y adaptada para el uso del pastor-consejero, presenta mayores posibilidades de ayudar profunda y permanentemente al asesorado, en muchos de los casos.

3. Épocas de crisis en la vida. Hay cuatro etapas en que los cambios físicos y sociales producen, por regla general, tensión extraordinaria. Son: la adolescencia, la maternidad, la menopausia y la vejez.

Conviene que el pastor comprenda lo difícil y complejo de estas etapas a fin de que sirva como orientador en las épocas de crisis y pueda prepararse a sí mismo para enfrentar problemas en su propio hogar.

3. OTRAS CONSIDERACIONES BASICAS

1. Presuposiciones sicológicas acerca de la conducta. Lo peor que le puede pasar a una persona es llegar al momento en que nadie la quiera. Los niños tienen suma necesidad de que sus padres los amen. Los adolescentes hacen cualquier cosa para conseguir el afecto y la admiración de sus amigos. Ningún creyente permanecerá en una iglesia si los demás le dan la impresión de que no lo quieren.

a. Cada persona es un ser único. En un sentido, todas las personas tienen rasgos en común y por lo tanto pueden ser estudiadas. Pero cada persona es algo diferente, y para entenderla es necesario conocer sus capacidades especiales, su fondo y sus experiencias.

b. Todo proceder o conducta humana tiene un propósito o meta. Los móviles del proceder son múltiples, complejos y relacionados los unos con los otros. Hay conducta motivada inconscientemente, otra motivada por experiencias pasadas, y otra por la esperanza del futuro. Entenderemos a la persona en la medida en que entendamos sus móviles y metas.

c. Los sentimientos nos dan indicios en cuanto a los problemas humanos y a la naturaleza e intensidad de las necesidades. No todas las personas sienten lo mismo acerca de la misma experiencia. Algunas se conforman, otras reaccionan negativamente, etc. Podemos entender a una persona en su unicidad solamente cuando entendemos cómo se siente en una situación particular.

d. La vida y la personalidad de una persona constan de todos sus componentes. No se puede separar ni aislar una experiencia o una parte de su vida, de las otras áreas de su experiencia. Lo que experimenta sicológicamente, le afecta físicamente. Por ejemplo, cuando se interiorizan los conflictos emocionales, pueden expresarse en síntomas físicos tales como colitis, úlceras, asma, alta presión sanguínea, fatiga y alergias. El pastor tiene que considerar todos los aspectos de la persona, es decir, ver a la persona como una unidad.

e. Cada persona es una parte de su medio ambiente. Su condición económica y cultural, las costumbres y normas de su cultura, así como sus compañeros, todo esto afecta sus actitudes y su proceder.

f. La vida de una persona consta de progresivas etapas de desarrollo. Todas las etapas (tales como la niñez y la adolescencia) tienen sus características de desarrollo. Por ejemplo, la niñez es una etapa en que la persona crece físicamente, aprende a leer y a llevarse bien con los demás. El niño necesita poder identificarse con personas del sexo masculino y la niña con personas del sexo femenino. De esta manera evitan la posibilidad de una confusión que podría resultar en la homosexualidad en el futuro. Si la personase desarrolla bien en una etapa, está preparada para la siguiente etapa. Pero si no se desarrolla normalmente, quedará frustrada y limitada.

g. El concepto que una persona tenga de sí misma es importantísimo en cuanto a adaptarse a su situación y a otras personas, y para mantener la salud mental. Si su concepto de sí misma es realista y sano, estará libre de mucha tensión y frustración. Pero si tiene un concepto deficiente de sí misma, se sentirá inadecuada, inútil, y probablemente llevará una carga de culpa.

h. Puesto que la mayor parte de la conducta y de las actitudes se aprenden, también se pueden «desaprender», es decir, es posible el reaprendizaje de las actitudes y del proceder en una persona.

i. El verdadero amor tiene poder transformador. La necesidad más básica de la humanidad es amar y ser amado. El pastor-consejero añade a estas presuposiciones sicológicas los conceptos a cerca del hombre que se encuentran en la Biblia. Creado a la imagen de Dios, el hombre es tanto físico como espiritual: «No solo de pan vivirá el hombre».

2. Metas al asesorar. Las metas al asesorar varían según la necesidad de la persona que busca ayuda. No es de extrañarse si no se alcanzan las metas completamente son fines que procuramos alcanzar por lo menos en alguna medida. Algunas de las metas que podemos tomar en cuenta, son:

a. Disminuir las emociones destructivas, tales como ansiedad, hostilidad, enojo o angustia, de modo que la persona pueda dirigir su energía hacia la solución del problema en vez de malgastarla para alimentar la emoción.

Las personas excitadas o con los nervios en tensión no pueden pensar con lucidez ni están en condiciones de ver su situación y hallar maneras de enfrentar sus problemas.

b. Hacer que el asesorado vea con objetividad su problema y utilice sus propias fuerzas juntamente con los recursos espirituales que Dios le da para enfrentarse con el problema.

c. Lograr que la persona se entienda a sí misma de manera creciente y se valore. El asesorado debe darse cuenta de sus propios móviles, de sus puntos fuertes y débiles, y luego aceptar su situación sin orgullo ni auto conmiseración.

d. Mejorar las relaciones interpersonales del asesorado enseñándole a enfrentarse a su culpa, a dominar su hostilidad, a perdonar y aceptar las faltas de otros.

e. Ayudar a la persona a cambiar su actitud o su norma de valores, y luego a cambiar su conducta.

f. Apoyar al asesorado en momentos de crisis o de angustia. Cuando en la familia hay una desgracia, una enfermedad grave o el fallecimiento de un ser amado, puede ser que se necesite el apoyo del pastor.

3. La madurez. La edad madura no siempre equivale a la madurez sicológica. Algunos ancianos se portan como niños. Hay pastores que llevan muchos años predicando, pero siguen mostrando rasgos de inmadurez. ¿Cómo puedo saber si no he alcanzado todavía un buen nivel de madurez? Veamos algunos de los indicios:

a) Un carácter explosivo. El inmaduro tiene dificultad en dominar las emociones. Se enfada fácilmente y hasta por motivos insignificantes.

b) Auto conmiseración. Aquel que se queja porque «nadie me quiere» o porque «yo sufro más de la cuenta», revela que no sabe enfrentarse a la realidad. Se cree merecedor de mejor suerte. Dirige toda su atención a sí mismo y a sus problemas.

c) Necesidad constante de consuelo. Hay quienes tienen que correr a alguna persona para encontrar alivio. Se acostumbran a esperar que alguien les aplique un poco de ungüento en sus heridas y les asegure con tonos dulces que todo va a salir bien. Hasta que no oyen tales frases, no pueden desempeñar sus responsabilidades.

4. OTRAS CONSIDERACIONES BASICAS (CONT.)

4. Requisitos para ser un buen asesor. ¿Por qué la gente acude a algunos pastores y no a otros en busca de asesoramiento? ¿Cuáles son las características de un buen consejero? Consideremos algunos requisitos indispensables para asesorar:

a. El pastor-asesor debe ser tratable, social y accesible. Las personas acuden a alguien que las conozca, y a quien ellas a su vez conocen y aprecian. De otro modo, no se sentirían cómodas relatándole sus problemas y exponiéndole su corazón. Es necesario demostrar interés en las personas. El ministro del evangelio puede conversar con los miembros de su congregación y conocerlos en visitas pastorales y en ocasiones sociales. Algunos pastores, sin embargo, se sienten inseguros conversando con la gente, e inconscientemente la alejan.

b. Debe reunir ciertos rasgos personales. Es importante la comprensión de los demás, el buen asesor escucha atentamente lo que dice el asesorado y trata de ver las cosas según la perspectiva de éste. Respeta al asesorado y tiene interés en él como «persona» y no como si fuera solamente un «caso» para solucionar. Lleva una vida ejemplar, digna de respeto; se destaca por su cordura, discreción y optimismo. Sabe utilizar los recursos espirituales: la Biblia, las promesas de Dios, la oración y el perdón.

c. Debe entenderse a sí mismo y darse cuenta de sus imperfecciones y su condición de ser humano. Si no se entiende bien a sí mismo, no podrá comprender a otros.

d. Debe dominar sus propios deseos, sus sentimientos de culpa, su ansiedad, sus resentimientos, su sexualidad y sus frustraciones. De otro modo, sería como un ciego que guía a otro ciego. No podría ayudar a otros. «Médico, cúrate a ti mismo», y luego podrás curar a los demás.

e. Debe saber las técnicas del asesoramiento.

g. Debe estar dispuesto a dedicarle tiempo al ministerio de aconsejar. El proceso de asesorar requiere tiempo; perjudica apurarlo.

h. Debe saber guardar secretos. Algunos creyentes que tienen problemas no acuden a ciertos ministros porque sus problemas serían divulgados en la congregación, o peor, serían usados como ilustraciones en el sermón del próximo domingo. Aunque el pastor no mencione el nombre de la persona, los otros miembros adivinarían pronto quién es el hermano que tiene esos problemas. El pastor indiscreto es indigno de su vocación.

5. Condiciones para asesorar. La condición primera e indispensable para aconsejares que la persona sienta la necesidad de buscar ayuda. Si no la siente, es poco probable que esté dispuesta a ser asesorada. También si la persona no quiere cooperar con el pastor o tiene poco interés en cambiar su conducta, no queda esperanza de ayudarla, allí sólo funciona la pericia del consejero. Cuando los padres mandan a sus hijos rebeldes al pastor, por ejemplo, no se logra mucho en la mayoría de los casos. Para tener buenos resultados es necesario que el asesorado desee cambiar, que respete y estime al pastor, que tenga expectativas de ser ayudado, y que esté dispuesto a enfrentarse a sí mismo en el proceso de ser asesorado. Si le faltan estas características, conviene hablar con él y estimularle a expresar sus sentimientos y actitudes antes de tratar de asesorarle.

La segunda condición es concertar un lugar y hora para reunirse. Muchas veces el pastor aconseja a uno o más miembros en la sala del templo después de un culto nocturno, especialmente si el problema no requiere mucho tiempo. En los casos de un asesoramiento más extenso, el lugar para reunirse puede ser la casa del aconsejado, la oficina del pastor (si la tiene), la sala de la iglesia en una hora en que no haya otras personas presentes, un automóvil u otro lugar apropiado. Lo importante es encontrar un lugar donde el pastor y la persona que va a aconsejar puedan dialogar cómodamente y sin interrupciones ni distracciones. Por regla general, conviene tener sillas cómodas, un ambiente limpio y ordenado, suficiente luz y una temperatura agradable.

6. La ética al asesorar. El pastor-consejero es responsable por lo que hace, primero ante Dios, luego ante el asesorado y finalmente ante la sociedad en que vive.

Algunos principios de la ética que debe regir en el ministerio son:

a. Guardar confidencias. Lo que el asesorado le revela al pastor debe ser considerado inviolable y no debe ser divulgado a nadie sin el permiso de la persona. El pastor no debe contarle a un asesorado los problemas de otro ni debe usar sus experiencias habidas en su función de consejero como ilustraciones en sus sermones. El buscar asesoramiento en cosas personales es el acto humano que muestra la mayor confianza posible en otra persona. Es como decir: «Confío en usted. Estoy seguro de que puedo abrirle mi corazón sin temer ser traicionado; puedo revelarle mis esperanzas, temores, debilidades y males en completa confianza».

b. Evitar el contacto físico. Aparte de saludar al asesorado con un apretón de manos o un abrazo, conviene no tocarlo. Debe evitar todo lo que pueda producir una situación seductiva o poner en marcha emociones malsanas.

El pastor prudente tendrá mucho cuidado en las situaciones relacionadas con el sexo opuesto, las cuales pueden alimentar las sospechas de los chismosos. «De más estima es el buen nombre que las muchas riquezas» (Proverbios 22: 1).

5. EL INCONSCIENTE

¿Qué enseña la Biblia referente al inconsciente? Ni afirma ni niega su existencia, pero hay indicios que parecen referirse al inconsciente. Jesús dijo: "De la abundancia del corazón habla la boca» (Mateo 12:34). Jeremías observó que "engañoso es el corazón más que todas las cosas, y perverso; ¿quién lo conocerá?» (17:9) ¿No es probable que el término bíblico "corazón» en estos casos tenga algo que ver con la idea moderna del inconsciente? Otra cita es Hebreos 12:15: "Mirad bien, no sea que alguno deje de alcanzar la gracia de Dios; que brotando alguna raíz de amargura, os estorbe...» "La imagen de una raíz es algo parecido al inconsciente: pensamientos y sentimientos en lo más profundo del ser, que a simple vista no se notan, pero que influyen sobre el comportamiento de la persona». Es patente que hay una corriente de pensamientos, emociones y pasiones que están activos en una persona, sin que el consciente se dé cuenta; ejercen una influencia sobre su conducta, y muchas veces la traicionan.

ESTRUCTURA PSICOLÓGICA DE LA MENTE

CONSCIENTE
PRECONSCIENTE
INCOSCIENTE

> Se sabe que, en el nivel del subconsciente, la mente puede funcionar para encontrar soluciones a los problemas. Muchos de nosotros hemos experimentado que hemos pensado intensa y detenidamente para solucionar un problema, pero sin éxito. Luego hemos dejado el asunto para concentrarnos en otros. En un momento inesperado, la solución se nos ocurre, y eso sin pensar más en el problema. ¿Cómo puede el pastor-consejero utilizar este fenómeno? Veamos lo que dice la experiencia:
>
> Si aprendemos a explorar detalladamente todas las posibilidades de un asunto y le entregamos a la mente los datos necesarios, podremos dejar de esforzar de forma consciente la mente y pasar al estudio de otros asuntos. No es que abandonemos el enfrentamiento con el problema como cobardes, sino que tenemos la convicción de que el subconsciente seguirá trabajando en el problema.

Nos sorprenderá cómo más tarde aparecerá en el consciente una inspiración o una solución que satisfará los requisitos del asunto. Es obvio que la naturaleza pecaminosa del ser humano obra muchas veces a través de su inconsciente y que Satanás puede apoyarse en esta actividad para corromper la mente y llevar a cabo sus propósitos destructores. Cuando Dios le advirtió a Caín:

"Sino hicieres bien, el pecado está a la puerta» (Génesis 4:7), tal vez se refería al pecado que había en su inconsciente.

¿Cómo puede la persona ser liberada? No todo pastor está preparado para realizar un sicoanálisis. Este trabajo del inconsciente requiere mucho entrenamiento y es peligroso para los inexpertos. Sin embargo, el apóstol Pablo señala una defensa espiritual contra el mal que surge de adentro. Es más que luchar contra los malos impulsos; es saturar la mente con lo bueno y lo espiritual. Así como la naturaleza detesta el vacío, también la mente detesta la falta de algo en que ocuparse, sea bueno o malo. Sólo se extirpa una idea sustituyéndola con otra. El creyente debe consagrarse completamente a Dios para efectuar la renovación de su mente y ocuparse de las cosas del Espíritu, es decir, pensar continuamente en ellas (Romanos12:1,2; 8:5,6).

6. *LOS MECANISMOS DE DEFENSA*

Hay conflictos dentro del hombre que surgen por el enfrentamiento entre sus deseos y la disciplina que le imponen su religión, su cultura y su sociedad. Hay también una fuerza dentro del hombre que conspira para llevar a cabo los deseos y a la vez aplacar la conciencia. Usa mecanismos que procuran aliviar el conflicto, negando, falsificando o tergiversando la realidad. En la mayoría de los casos, estos mecanismos defienden el auto concepto de la persona, pero a la vez estorban el desarrollo de la personalidad. Son difíciles de controlar y «no son más que diversas manifestaciones de la dinámica del inconsciente» que por un lado busca su complemento y por el otro se resiste a enfrentarse con la realidad. Se llaman mecanismos de defensa.

El pastor-consejero debe recordar que no es por falta de sinceridad por lo que la persona recurre a estos mecanismos, pues en la mayoría de los casos, los mecanismos funcionan inconscientemente.

Los mecanismos de defensa son varios. Conozcamos los más importantes:

1. Represión: Olvidamos lo que no nos gusta o es desagradable, o aquello que está asociado con el desagrado. Por ejemplo, se puede olvidar la hora de la cita con el dentista. De forma inconsciente la mente reprime la hora de la cita porque sabe que puede traer dolor. El nombre de una persona que humilla a otra es olvidado por la víctima, porque así la represión sirve para proteger a la persona de un doloroso recuerdo. En este sentido, es bueno, porque la persona difícilmente podría vivir con los recuerdos de las experiencias dolorosas del pasado. También la represión impide que salga a la superficie un pensamiento que traería un sentido de culpa o ansiedad. Por ejemplo, la mente de forma automática reprime el deseo de cometer incesto, pues tal pensamiento produciría una fuerte reacción de la conciencia y también disminuiría la autoestima de la persona.

Sin embargo, a veces la represión impide funciones normales. Puede reprimir el impulso sexual, al punto de que la persona llega a ser impotente. También se cree que el mecanismo de represión contribuye a males físicos tales como la artritis, el asma y las úlceras.

2. Proyección: Este mecanismo se manifiesta en algunas personas cuando se sienten incómodas por tener algún defecto moral, o por cometer alguna falla. Alivian su sentido de culpa atribuyendo su mal a otra persona. Por ejemplo, en vez de admitir: «No me gusta Fulano de Tal», dicen: «Fulano de Tal no me quiere». O en vez de decir: «Mi conciencia me molesta», dicen: «Él me molesta». En el primer caso, la persona niega tener sentimientos hostiles contra Fulano de Tal; en el segundo le echa la culpa a Fulano de Tal por sus sentimientos, en vez de reconocer que es su propia conciencia la que le molesta. Jesús hablaba de este mecanismo cuando censuró a las personas que miran la paja en el ojo de su prójimo, pero no ven la viga en su propio ojo. El peor aspecto de la proyección es que resulta casi imposible ayudar a una persona que no está dispuesta a enfrentarse con la realidad. Es una forma de evasión, y si ella está convencida de que está libre de culpa y son los otros los que la perjudican o pecan, no escuchará al consejero.

3. Racionalización: La racionalización consiste en formular razones aceptables, pero no reales, para nuestra conducta o nuestra incapacidad de lograr algo. Se ven muchas ilustraciones de este mecanismo. El perezoso de Proverbios que prefiere descansar en casa en vez de salir a trabajar, justifica su pereza diciendo: «El león está fuera; seré muerto en la calle» (22:13). El alumno que no estudia bien y queda aplazado en el examen, explica que su mente no funcionaba bien o que el profesor no ha formulado bien las preguntas. El zorro de la fábula de Esopo, que no puede alcanzar las uvas por más alto que salte, se consuela diciendo que las uvas están agrias. El ladrón justifica su robo diciéndose a sí mismo que la víctima es rica y probablemente explote a los pobres. Este mecanismo nos impide enfrentar la realidad y tomar pasos para solucionar nuestros problemas o remediar nuestros errores.

4. Regresión: Con este mecanismo, la persona que se encuentra en dificultades o frustrada regresa a la conducta infantil, la cual le servía para resolver algunos problemas; pero ahora solo sirve para ponerla en ridículo. Se aísla de los demás, hace pucheritos, llora, grita o manifiesta de otras maneras su mal genio cuando las cosas no le agradan. Ninguna persona se escapa completamente de este mecanismo. Hay creyentes que siempre están dispuestos a renunciar a su puesto o dejar la iglesia cuando las cosas no marchen a su gusto. Si estos síntomas se presentan en el miembro de la iglesia que viene al pastor en busca de consejos, conviene que el consejero traiga a la luz esta línea de conducta.

5. Substitución: Este mecanismo funciona cuando la persona no tiene el valor ola oportunidad de descargar su enojo directamente contra la persona que lo provoca. Entonces transfiere su emoción contra otro. Por ejemplo, el empleado en la fábrica tiene miedo de reaccionar negativamente ante las represiones de su patrón. Pero cuando llega a su casa, descarga su frustración criticando a su esposa. Su señora no se defiende, pero sí le da un golpe a su hijito por una insignificancia; el niño a su vez maltrata al gato de la casa. Así el ciclo continúa; cada uno descargando su frustración sobre un substituto, inocente pero más débil.

7. LOS MECANISMOS DE DEFENSA (CONT.)

6. Sublimación: Hay instintos e impulsos muy fuertes en algunas personas que no siempre pueden ser expresados en su forma directa. Sin embargo, existen maneras de utilizar las energías resultantes en otras actividades, y así la persona siente satisfacción. Por ejemplo, la soltera puede expresar su instinto maternal enseñando a niños en una escuela primaria; también se puede apaciguar la hostilidad participando en deportes. Los sicólogos atribuyen el arte de DaVinci, la música de Beethoven y la filosofía existencialista de Kierkegaard, a la sublimación de sus deseos frustrados o emociones tumultuosas.

Muchas de las contribuciones a la cultura, el arte y la ciencia, han sido y son resultado de la expresión de impulsos destructivos en una forma positiva, pero indirecta.

7. Compensación: Por medio de este mecanismo, las personas tratan de compensar por sus deficiencias, ya sean físicas, sociales o intelectuales, desarrollando su capacidad positiva. Por ejemplo, algunas personas que tienen defectos físicos y que no pueden participar en deportes ni trabajar físicamente, compensan destacándose en el campo intelectual, científico o artístico. Mozart, Beethoven y Bruckner llegaron a ser grandes músicos a pesar de sus defectos físicos. El doctor Nicolás Sanderson, quien perdió la vista a los doce años de edad, llegó a ser profesor de matemáticas y óptica en la Universidad de Cambridge.

En cambio, la compensación exagerada obra muchas veces en contra de la persona misma. Algunas personas que tienen complejo de inferioridad no solamente tratan de distinguirse en algo, sino también desarrollan un complejo de superioridad para compensar un sentido de inferioridad en otra esfera, pero resulta censurable exagerar la sociabilidad siendo muy ruidoso o jactancioso. ¿Quién no ha conocido a un hombre de poca capacidad, que se haya convertido en un bravucón o dictador al alcanzar un puesto de responsabilidad?

8. Identificación: Este mecanismo se manifiesta cuando una persona trata de incluir en su personalidad las características de otra persona. Si se identifica exitosamente con otra persona, será semejante a ella. ¿Por qué son los hijos semejantes a sus padres? Porque tienden a admirarlos y asimilar sus características. Al igual que los hijos se identifican con sus padres, las personas en las que funciona este mecanismo imitan a otros, los cuales son por regla general poderosos, atrayentes, populares o exitosos.

¿Es buena o mala la identificación? Por regla general contiene ambos aspectos. La persona que se identifica con otras asimila tanto las buenas como las malas características del objeto de su identificación, pues es casi imposible aislar los rasgos buenos. Esto impone a los pastores la necesidad de dar un buen ejemplo en todo, pues muchos de sus miembros están expuestos a imitar al ministro.

La identificación es un factor importante en el desarrollo de la personalidad, e imprescindible para la estabilidad de la sociedad. Si la nueva generación no se identifica con los ideales y prohibiciones de sus padres, es probable que se produzca una generación de rebeldes. Sin embargo, el punto de vista cristiano es que las personas deben identificarse con lo que eleva y mejora. También cada persona es un ser creado por Dios para realizar su propio destino. Debe ser lo que Dios quiera que sea, en vez de ser una simple imitación de otros.

9. Fantasía: La fantasía es un mecanismo muy conocido por todos. Muchas personas se escapan de sus frustraciones y limitaciones fantaseando que son ellas las que ganan, que son admiradas y que satisfacen sus deseos. Por ejemplo, por la mente de un niño débil pasan cuadros de episodios ficticios de sus hazañas; por la mente de la chica sin amigos, cuadros de experiencias románticas en las cuales ella tiene muchos pretendientes. La fantasía alivia algo las frustraciones, pero es un escape a la realidad. Si la persona es muy dada a la fantasía, llega a ser abstraída, aislada de la realidad y de los demás, y no se adapta a las circunstancias de la vida. En su forma extrema, es uno de los factores que conducen a la esquizofrenia, en la cual la persona pierde contacto con la realidad.

10. Formación de reacción: Se denomina «formación de reacción» cuando un instinto se disfraza de otro que es su contrario. Hay muchos ejemplos de este mecanismo que se ven con facilidad. Una persona que le tiene miedo a otra, y actúa como si fuera su gran amiga; hombres con tendencias femeninas, que las disimulan poniéndose duros y muy masculinos; personas rebeldes que temen las sanciones de la sociedad, y cumplen exageradamente sus reglas; la madre a la que le disgusta su hija, se mete mucho en los asuntos de ella, o la protege excesivamente, con el pretexto de tener solicitud por su bien (su motivo inconsciente es castigar a la chica); la persona que se escandaliza demasiado por la inmoralidad de otra, ocultamente tiene el deseo de ser partícipe del mismo pecado.

Los mecanismos de defensa son maneras irracionales de aliviar la ansiedad, pues tergiversan, ocultan o niegan la realidad y así impiden el desarrollo sicológico de la persona. Cuando un mecanismo llega a ser muy fuerte, domina a la persona y obstaculiza su flexibilidad y adaptabilidad.

¿Por qué existen mecanismos de defensa? La parte que gobierna al hombre no es suficientemente fuerte para integrar y sintetizar todas las exigencias que se le presentan. Los mecanismos mentales son medidas protectoras. Si la parte gobernante de la mente no puede reducir la ansiedad por medios racionales, recurre a los mecanismos. Estos persisten cuando la parte gobernante no se desarrolla. Se produce un círculo vicioso: no se pueden dejar de emplear los mecanismos mientras la parte gobernante esté inadecuada, y la parte gobernante quedará inadecuada mientras dependa de las defensas. ¿Cómo puede ser liberada la parte gobernante? Uno de los factores libertadores es la maduración. Cuando madura la persona, la parte gobernante de su mente también se desarrolla.

Capítulo 2
Metodología

8. LA TÉCNICA NO DIRECTIVA

Según la teoría del método "no directivo", cada persona tiene dentro de sí la solución de sus problemas. Esto no significa que a nadie se le puede ayudar, sino que la solución de su problema comienza con la auto percepción y el entendimiento de su dificultad. Por lo tanto, el trabajo del asesor es ayudar a la persona a que exprese sus sentimientos e ilumine su problema.

Los principios de asesoramiento son como llaves doradas que abren los candados y dejan salir de sus prisiones a las personas que tienen problemas. Considerémoslos:

I. **Ganar la confianza de la persona:** La primera vez que una persona acude al pastor para ser asesorada, es probable que experimente varios sentimientos simultáneamente: preocupación por su problema, incertidumbre acerca de lo que le pueda pasar en la entrevista; tal vez aún tiene dudas en cuanto a la posibilidad de ser ayudada, o quizás esté un poco resentida si otra persona la ha obligado a venir. Puede ser que la avergüence el hecho de quesea necesario acudir al pastor para ser aconsejada, o sienta vergüenza por su conducta. Algunas personas se mantienen a la defensiva en cuanto a hablar acerca de sí mismas y de su problema. Tienen terror de que el pastor las censure. Sin embargo, hay personas que esperan ser ayudadas y que tienen plena confianza para entenderse mutuamente.

Si no llegan de inmediato al problema, no es tiempo perdido, pues el asesorado no abrirá su corazón y no hablará acerca de detalles íntimos, si primero no tiene confianza en el pastor como una persona que lo comprende.

Por lo general, la atención y la sinceridad del pastor infunden confianza en el corazón del consultante.

2. **Aceptar incondicionalmente al asesorado:** No juzgará a la persona ni le predicará un sermón. Recuerde esto: El juicio corresponde solo a Dios. No es tarea del pastor aprobar o desaprobar a los hombres. Su responsabilidad es comprenderlos, escucharlos, y anunciarles el evangelio.

Jesús usó esta técnica en el caso de Zaqueo. Mientras que otros censuraban al publicano por ser colaborador injusto de los odiados romanos, este se endurecía más y más. Pero cuando Jesús lo aceptó tal como era, eligiéndolo para ser su anfitrión aquel día, las defensas de Zaqueo fueron quitadas y pudo hacer frente a su propio pecado. Resultó que se arrepintió e hizo restitución (Lucas 19:1-10). El aceptar al asesorado tal como es, puede ser un poderoso factor para traerle la sanidad emocional y moral.

3. **Escuchar:** El escuchar atentamente al asesorado tiene gran valor para el consejero. Sólo cuando escucha, puede entender cuál es la situación del asesorado y cómo se siente este. Sólo cuando escucha, puede establecer la relación entre el pastor y el aconsejado, la cual es indispensable para llevar a cabo el proceso de asesorar. Sólo cuando escucha, puede comunicar al asesorado que lo acepta tal como es. Todos nosotros nos sentimos aceptados por los que nos escuchan, cualquiera que sea nuestra necesidad.

4. **Escuchar con empatía:** No basta con escuchar al asesorado de manera pasiva. Es preciso escucharlo atentamente y concentrarse en lo que dice, sin permitir que

los pensamientos divaguen. Sobre todo, se le debe escuchar con «empatía». La palabra abarca un significado más amplio que el término «compasión». Quiere decir: «entrar en los sentimientos de la persona», sentir lo que ella siente, ver por sus ojos, "andar en sus zapatos" y, en cierto sentido, identificarse con ella. Pero a la vez es necesario mantener una actitud serena y objetiva. Tal actitud no nos dejará involucramos excesivamente en el problema. Un pastor advierte: «Si nos dejamos envolver, no podremos ayudar, pues perderemos la claridad mental al ser arrollados por la tensión emocional».

9. LA TÉCNICA NO DIRECTIVA (CONT.)

5. **Reflejar y responder:** Con frecuencia los consejeros reflejan verbalmente lo que dice el aconsejado, para que él sepa que comprenden sus sentimientos. Así lo animan a seguir hablando acerca de su problema. El asesor trata de reflejar sus sentimientos parafraseando lo que el asesorado siente. Consideremos un ejemplo de esta técnica:

ASESORADO: Pastor, hace tiempo que deseo hablarle de mi problema, pero siempre me ha faltado valor para hacerlo.

PASTOR: ¿Le cuesta contar algunas experiencias?

ASESORADO: Así es, pero tengo que contárselo a alguien. Tuve una riña violenta con mi señora y luego volví a mi viejo vicio de beber. Me emborraché. ¡Cuánto lo siento!

PASTOR: Su caída le da mucha pena.

ASESORADO: El problema es que ella es inconversa y ya no tiene confianza en mí. Piensa que mi conversión era una farsa y que el evangelio carece de poder. Se ha puesto más dura que nunca.

PASTOR: Mmmm, (Demuestra preocupación por la señora.) Es de notarse que reflejar no es simplemente repetir lo que dice el consultante. Más bien lo que hay que reflejar son sus sentimientos. Es una técnica que puede resultar contraproducente en algunas personas si se usa en exceso. Puede terminar por irritar al aconsejado e impedirle hablar libremente. Hay otras maneras de responderle al asesorado sin estos inconvenientes.

Existen seis métodos sugeridos:

1) Sondeo: formular preguntas o comentarios para conseguir más información y estimular una conversación.

2) Comprensión: el consejero comunica su empatía.

3) Apoyo: mediante palabras sustentadoras, procurar reanimar y dar apoyo al que lo necesita.

4) Interpretación: señalarle al consultante lo que ocurre.

5) Evaluación: apreciar las ideas, actitudes y acciones del asesorado.

6) Consejos de acción: tratar de animar al orientado a hacer algo en particular para solucionar su problema.

6. **Formular preguntas:** Muchos de los problemas humanos tienen raíces escondidas bajo la superficie. Los consultantes a veces presentan solamente los síntomas y no se dan cuenta del problema verdadero. Algunos sicólogos creen que cada problema de alcoholismo, desarmonía matrimonial, desviación moral, conducta antisocial o flojedad espiritual, tiene su fondo. No basta en

tales casos cortar solo el tronco del problema; es necesario cavar hasta las raíces y sacarlas. Por ejemplo, un drogadicto puede atribuir su problema a un sentido de inseguridad, algo que se relaciona con su situación en el hogar. Para solucionar su problema, conviene tratar antes, su problema emocional; es decir, el problema que existe en el hogar.

Algunas personas se comportan mal porque así consiguen ciertos fines apetecidos. Por ejemplo, Susana, que tiene quince años, amenaza frecuentemente con dejar su hogar, pues así obliga a sus padres a complacer sus exigencias. El señor Rodríguez toma mucho vino, pues su señora se preocupa por él solo cuando toma. De otro modo lo trata con indiferencia. Es necesario traer a la luz los motivos de tales personas y obrar para solucionar el problema que causa la mala conducta.

7. **Encontrar soluciones:** Hay casos en que el pastor señala alternativas en las cuales no ha pensado el asesorado. Las presenta solamente como posibilidades y no trata de imponerlas, pues al consultante le toca decidir qué hacer. Si el aconsejado no está dispuesto a obedecer la Palabra de Dios o le falta voluntad para dar los pasos necesarios a fin de remediar su situación, el pastor no gana nada con presionarlo. Además, «hay decisiones tan delicadas, que ningún consejero debe contraer la responsabilidad por las consecuencias que pudiera sufrir el consultante».

En los casos en que el aconsejado y el pastor tienen varios diálogos orientadores y le parece al consejero que no conviene seguir aconsejándolo, este debe dar por terminadas las sesiones. El pastor puede expresarse con mucho tino: «Me parece que hemos llegado al punto en que usted ya no me necesita. Creo que puede llevar a cabo la solución con la ayuda divina». Conviene que los dos decidan de común acuerdo terminar con las entrevistas.

8. **Evaluación de la técnica no directiva:** La posición del autor de este estudio es que la teoría no directiva puede servir en muchos casos, especialmente en los de problemas emocionales. Naturalmente tiene que ser adaptada para incluir principios cristianos. Sin embargo, no es la única técnica que el pastor debe usar, ni siempre surte efectos. A veces el consejero empleará una variedad de técnicas. Tómese en cuenta que el método no directivo requiere mucho tiempo en la mayoría de los casos.

Algunos consejeros evangélicos quedan desilusionados con los resultados de esta técnica, en especial cuando se usa sin convicciones cristianas. Es obvio que si el consejero no tiene normas morales, puede animar al asesorado a aceptar su pecado como una mera enfermedad, o aun como algo normal; y así lleva al consultante a la permisividad o auto indulgencia. Como consecuencia, hay consejeros evangélicos que rechazan por completo este método. Argumentan que no da lugar a la ayuda de un experto (el pastor), ni a la receta de la Biblia, ni a la ayuda divina.

10. MÉTODOS PARA ACONSEJAR

Los recursos espirituales, tales como las Escrituras, las promesas de Dios y la oración, son muy útiles en los períodos de crisis. Sin embargo, el consultante puede reaccionar mal si el pastor trata de alentarlo excesivamente con un optimismo superficial que no concuerda con la realidad: «No se preocupe; todo va a salir bien. No es tan grave como usted piensa».

La actitud del pastor vale más que sus palabras.

1. **La técnica directiva:** Es el método en el que el consejero es la figura central y domina el proceso. A él le corresponde recoger los datos, analizarlos e interpretarlos; le corresponde hacer un diagnóstico y un pronóstico en cuanto a una solución tentativa. El asesor es muy activo, y al aconsejado le toca cooperar con él.

Las metas de este método son casi idénticas a las de la técnica no directiva: el asesorado ha de verse a sí mismo y ver su problema más claramente, ha de descubrir sus potencialidades y debilidades, ha de adaptarse a las circunstancias adversas, ha de elegirla solución a sus problemas y aprender a asumir su responsabilidad. Sin embargo, es el consejero quien procura llevarle a tales fines.

Los sicólogos profesionales que emplean esta técnica, por regla general comienzan la entrevista recogiendo datos. A veces le presentan al consultante cuestionarios en los cuales hay preguntas acerca de la personalidad, situación e intereses del asesorado. Luego recogen antecedentes de su problema formulando preguntas, así hacen un análisis del caso.

El segundo paso es organizar, evaluar e interpretar los datos para proporcionar un historial de la vida del aconsejado. Entonces se trata de diagnosticar el problema, llegando a una conclusión respecto a sus características y causas. Por fin el consejero presenta una solución o soluciones tentativas y pronostica cómo pueden desarrollarse en el futuro. Ayudará a la persona a tomar su propia decisión. Por regla general, no impondrá su solución.

Los consejeros profesionales que emplean la técnica no directiva, a menudo critican el método directivo. Hacen la comparación describiendo al consejero como un padre autoritario y al orientado como un hijo dependiente. Sin embargo, tales objeciones no son válidas para muchos casos de consejería pastoral.

2. **Consejería por confrontación:** Los pasos para aconsejar empleando el método de la confrontación son los siguientes:

a) El consejero recogerá información acerca del problema, averiguando los antecedentes del mismo. Formulará muchas preguntas para tener un concepto claro de la situación y para ayudar al consultante a ver su responsabilidad. Debe dar toda oportunidad a la persona para que descubra y reconozca por su propia cuenta su responsabilidad y culpa. Si el asesorado cierra los ojos a su responsabilidad echándoles la culpa a otros o dando excusas, el consejero se verá obligado a tomar un paso más directo.

b) Confrontar al consultante con la evidencia de su mal comportamiento; es decir, hacerle ver que ha pecado y que tiene que enfrentarse a la realidad. Debe recordar siempre que el propósito es restaurar a la persona a la comunión con Dios y con sus semejantes (Gálatas 6:1). El pastor sabio se dará cuenta de que no es Dios, sino un pecador perdonado, y que todavía está lejos de la perfección. Sobre todo, el pastor debe ser sensible a la dirección del Espíritu Santo, cuya obra es convencer al mundo de pecado (Juan 16:8).

c) Seguir aceptando al asesorado aun en los casos en que este no quiera reconocer su falta. El consejero se dará cuenta de que Dios rechaza el pecado pero ama al pecador. No discutirá con el aconsejado tratando de convencerlo de que es responsable.

d) Guiar a la persona a confesar su pecado a Dios y a confiar en su amor perdonador (1 Juan 1:9).

e) Ayudar al aconsejado a arreglar las cuentas habidas por su mala conducta con las personas perjudicadas, o sea, hacer restitución cuando sea posible. Muchas veces conviene que el pastor emplee la técnica de confrontación yendo a ver a un miembro de la iglesia cuando este se comporta mal. Es mucho mejor hablar con él en privado acerca de su irregularidad, que pararse tras el púlpito y descargar su artillería sobre toda la congregación. A veces los predicadores abusan así del púlpito porque les falta el valor de confrontar personalmente con su pecado al creyente inconsecuente, pero tal procedimiento produce resentimientos, tanto de parte del miembro, como de la congregación.

3. **Información y dirección:** Hay personas que necesitan consejo para elegir una vocación; otras piden información acerca del noviazgo y el matrimonio, de los asuntos de conducta, de cómo resolver problemas espirituales, de cómo vencer una debilidad moral, o sobre la doctrina cristiana. Para servir a dichas personas, el pastor hace el papel de maestro, aunque utilizará también la técnica de aconsejar. El pastor puede sentirse halagado cuando las personas buscan su opinión sobre las decisiones importantes de su vida. Sin embargo, le conviene reconocer que no es experto

en todas las materias y debe admitir con humildad su ignorancia en ciertos asuntos.

4. **Envío del consultante a un especialista:** Conviene que el pastor tenga los nombres y direcciones de siquiatras, médicos, abogados y otras personas claves, las cuales puedan asistir a los consultantes necesitados. Por supuesto, serán personas de confianza y preferiblemente creyentes. Luego, puede sugerir que los asesorados busquen la ayuda de ellos, cuando no es aconsejable que el pastor mismo los asesore.

5. **Consejería en grupo:** Los creyentes a través de los siglos se han reunido para realizar sus cultos, sus estudios y tener comunión. Comenzó la costumbre con los doce discípulos. En muchas partes del Nuevo Mundo se forman actualmente pequeños grupos, llamados células, para realizar actividades religiosas y sociales. Se redescubrió que hay posibilidades de crecer espiritualmente en grupos pequeños que estudian, oran, trabajan juntos y sobrellevan los unos las cargas de los otros. Algunos consejeros han empleado la idea de reunirse con un grupo pequeño con el propósito de aconsejar a varias personas a la vez. Han tenido, a veces, un éxito extraordinario en aconsejar a matrimonios con esta técnica. La organización «Alcohólicos Anónimos» también utiliza ese sistema con resultados alentadores.

En esta lección hemos considerado algunas maneras de aconsejar. Sin embargo, el pastor debe elegir la técnica más apropiada para el caso y el método que él ha dominado y le ha dado resultado.

11. ELEMENTOS EN EL PROCESO DE ACONSEJAR

I. Recolección de antecedentes. El consejero hace más o menos las siguientes preguntas:

a) ¿Cuál es o era la posición del consultante en la familia de sus padres? (Si era el único o último hijo, tal vez fuera mimado; si era el hijo mayor, probablemente gozaba de cierta autoridad y tenía responsabilidades, en algunos casos, demasiadas responsabilidades; si era un hijo no querido, puede ser que tenga cicatrices emocionales.)

b) ¿Cuál es la situación de sus padres? ¿Están vivos? ¿Están separados? ¿Se llevan bien entre sí? ¿Dónde viven?

c) ¿Cuáles son los datos personales? ¿Cuántos años de estudio tiene? ¿Es casado?¿Cuántos hijos tiene? ¿Se lleva bien con su cónyuge? ¿Cuál es su trabajo? ¿Cómo es su situación económica? ¿Cómo está de salud? ¿Cómo se lleva con otros? ¿Cómo es su vida espiritual? ¿Cuál es su relación con la iglesia? ¿Cuáles son sus pretensiones? ¿Cuáles son sus fuentes de satisfacción?

Después de aconsejar a una persona, muchos pastores-consejeros escriben los datos en tarjetas en un archivo y repasan bien los antecedentes antes de tener otra consulta. Asimismo, en los casos en que el problema no se aclare durante la entrevista, conviene a veces sugerirle al asesorado que escriba una lista de los problemas de su vida que no fueron considerados en el diálogo. Así tendrá la oportunidad de estudiar por sí mismo las áreas de dificultad y concentrarse en los aspectos claves.

2. **Percepción del carácter del aconsejado:** El consejero perito puede percibir sin duda alguna el carácter o personalidad de las personas, observando su postura, sus gestos, el tono de su voz, su manera de vestirse y hasta los movimientos de su cuerpo que parecen ser casuales. La personalidad del individuo se expresa en todas sus actividades; por ejemplo, se puede saber mucho acerca del consultante notando cómo mira a otras personas, cómo habla y cómo da la mano.

Sin embargo, el consejero experimentado sabe que estas expresiones de carácter pueden significar algo un poco diferente en cada persona, y no llega a una conclusión prematura. Observa el conjunto de las facetas de la expresión para formular una hipótesis. La postura, el tono de voz, la posición en la familia, el problema que describe el consultante, sus relaciones con amigos y con el sexo opuesto, y su éxito o fracaso en su empleo, indican muchas cosas; pero ninguna característica en sí misma proporciona suficiente base para llegar a una conclusión.

Si el aconsejado se sienta en una silla a una buena distancia del consejero, indica que vacila y probablemente resistirá al pastor. Si se acerca mucho al asesor, indica quizás que teme que el consejero lo rechace, o que quiere ser amigo de él. Si se sienta rígido o a la orilla de la silla, significa que se siente nervioso y ansioso. La manera en que la persona se viste indica también mucho acerca de su personalidad. El consejero práctico notará cómo el asesorado reacciona a sus preguntas, pues la expresión de emociones es un indicio que comunica tanto como sus respuestas. Observará las señales de nerviosismo, y mortificación, tensión y evasión de asuntos en la conversación.

El consejero debe estar alerta para percibir todos los indicios del carácter y los rastros del problema, pero no conviene confrontar directamente al consultante con lo que observe. Los notará calladamente y explorará más en las áreas en que estos aparecen. Luego puede llegar a una conclusión según lo que indican todos los datos y ayudar a la persona a ver su problema.

3. **Comprensión de las personas que tienen fuerte tensión nerviosa:** Las personas que vienen con los nervios en tensión, reaccionan de una manera diferente a las personas que se hallan en condiciones normales. La tensión es algo que varía según la persona. Puede ser que lo que produce tensión en una persona no afecte a otra. También la tensión fuerte trae a la luz las virtudes de algunas personas y lo malo de otras. Hay personas que reaccionan a la tensión con valor y esfuerzo para solucionar su problema; otras reaccionan ante la misma situación con terror o se retraen.

A muchas personas que sufren tensión intensa les cuesta llevarse bien con los demás; se imaginan que sus compañeros no los entienden; se vuelven intolerantes. Si procuran esconder su tensión y parecer normales, esta aumenta. Hay dos maneras diferentes de considerar la tensión:

a) Como un medio de desarrollo y por lo tanto algo beneficioso.

b) como una emoción destructiva que conduce solamente a la frustración.

12. OTROS ELEMENTO EN EL PROCESO DE ACONSEJAR

4. Encuentro de problemas que pueden perjudicar el proceso de aconsejar: A menudo los consejeros encuentran en la consulta problemas que estorban el proceso de asesorar o el progreso hacia metas apetecidas. Algunos de los problemas parecen una paradoja, como el caso en que el aconsejado vino para recibir ayuda pero no cooperó con el pastor; otros son de una naturaleza involuntaria. Consideremos algunos de los estorbos más comunes:

a) **Rodeos y resistencia.** Pocas personas, ya sean de la congregación o extrañas, que vienen al pastor, presentan al principio con franqueza y claridad el verdadero propósito de su visita. Por regla general, comienzan el diálogo orientador hablando acerca de cosas que nada tienen que ver con su problema. ¿Por qué no presentan directamente el asunto que las molesta? Se sienten incómodas a veces y no saben cómo iniciar la conversación acerca de su problema. Conversan acerca de cosas de las que es fácil hablar.

Otras personas vacilan en divulgar su problema pues se sienten inseguras; temen ser censuradas, temen que el consejero no las comprenda o que viole su confianza. Sondean la actitud del pastor antes de traer a la luz las cosas íntimas. A muchas personas les cuesta hablar acerca de su problema porque tienen vergüenza. No les es fácil exponer sus errores, debilidades, pecados o asuntos penosos. Un consejero relata que una pareja que tenía problemas matrimoniales se reunió con su pastor para hablar acerca de la falta de armonía en su hogar. Le contaron algunos asuntos de poca importancia y él los aconsejó sobre cómo superarlos. Se despidieron de él sin tocar el problema verdadero. El pastor pensaba que había solucionado fácilmente su problema, y ellos tenían vergüenza de regresar a la oficina de la iglesia. En cambio, el consejero experimentado se da cuenta intuitivamente muchas veces cuando las personas no llegan a su problema, y las ayuda a expresarlo.

Jorge, un joven de veintiséis años, buscó la ayuda de su pastor tocante a un rompimiento con sus padres. Deseaba intensamente reconciliarse con ellos, pero hizo rodeos en cuanto a la causa de la ruptura. El consejero sospechaba que Jorge mentía, y poco apoco recogió evidencia de que su verdadero problema era moral. Sin embargo, Jorge se resistió a revelar los hechos. Al final, el pastor le dijo: «Es necesario que me diga con franqueza la verdad si quiere que yo lo ayude». Entonces Jorge admitió que era homosexual y que esa había sido la causa del desagrado de sus padres. El consejero experimentado es sensible a los sentimientos del aconsejado. Sabe que tiene que escuchar pacientemente y no juzgar. Se pregunta a sí mismo: ¿Es este su verdadero problema? Hay casos en los que no apurará al consultante ni lo interrogará. Más bien lo sondeará con cautela.

La resistencia por parte del aconsejado muchas veces es indicio de su necesidad o del problema de su carácter.

b) **Silencio.** Conviene, por regla general, esperar en silencio para permitir que el consultante piense. Un sicólogo evangélico, observa: "Una parte vital en el aconsejar es la pausa, los momentos de silencio cuando tanto el consejero como el aconsejado quedan callados. Las pausas no solo son de valor, sino también dan buen resultado. Desgraciadamente, algunas personas sienten que se debe llenar de palabras cada momento. Miden su aptitud por la cantidad de palabras que dicen. Pero esta es una característica de un consejero torpe o aficionado.

La pausa le proporciona al asesorado la oportunidad de pensar y reflexionar sobre su problema, de llegar a la auto percepción. Por regla general, las percepciones que obtiene el aconsejado en tales momentos surten efecto duradero, pues él mismo las ha descubierto y se esforzará más para aplicarlas.

c) Reveses, y deseos de cortar la ayuda prematuramente. El aconsejado a veces se siente tan aliviado al expresar sus emociones y al traer a la luz su problema, que piensa que todo está solucionado; y cuando vuelve al problema, se siente desanimado y desilusionado. Y siente vergüenza de volver al asesor si este le ha dicho que su problema ya fue solucionado.

¿Qué debe hacer el pastor cuando es obvio que el consultante corta la ayuda prematuramente? Tiene que respetar su derecho a tomar decisiones, pero conviene decirle que la puerta está abierta para que regrese si no está resuelto el problema. No debe insistir en que el aconsejado continúe recibiendo ayuda. Si lo hace, producirá resentimiento por parte del aconsejado. Además, si el consejero obliga a la persona a proseguir, es probable que pierda confianza en él, o le eche la culpa si la solución propuesta no da resultado. Es conveniente sugiera al aconsejado que vuelva una vez más para evaluar el efecto de dicha solución.

5. Factores a considerar para tomar una decisión: Muchos factores influyen en este acto: el intelecto, las emociones, el espíritu, los instintos; todos tratan de persuadir a la voluntad de que la decisión sea favorable a sus propios intereses. Con frecuencia, el conflicto de los interesados es tan fuerte e indeciso que la persona posterga la toma de una decisión.

En asuntos morales y sociales, las convicciones religiosas, la norma de la sociedad y el concepto que la persona tiene de sí misma desempeñan un papel importante en la decisión sin embargo, muchas veces, los urgentes deseos momentáneos claman con voz tan fuerte, que la voluntad no escucha las voces que aconsejan moderación; Esaú ilustra este caso cuando su apetito venció a su sentido común y vendió su primogenitura por un plato de lentejas. Hay personas que son llevadas por sus antojos compran un auto solo porque les gusta la marca, o un caballo por su color; el temor influye mucho en las decisiones. Las personas deciden muchas veces no por convicción, sino para evitar consecuencias desagradables, tales como la desaprobación o el desprecio de otros. Hacen callar la voz de su conciencia para no sufrir, como en el caso de Pilato, quien condenó a Jesús a pesar de saber que era inocente.

6. **Uso de los recursos espirituales.** Si la Iglesia primitiva consideraba que era indispensable ser lleno del Espíritu Santo para administrar los bienes a los pobres (Hechos 6 3), cuanto más es necesario que los consejeros sean llenos de la misma Persona. El Espíritu Santo es su

gran ayudador y fuente de gracia. Una de las herramientas más poderosas en las manos del consejero es la Biblia.

No siempre es recomendable leer la Biblia y orar durante una entrevista si la persona es inconversa, puede llegar a pensar que el interés del consejero es meramente para convertirla y que no está interesado en ayudarla; claro que el amor por las almas nos lleva a procurar su salvación, pero puede ser que la persona no esté preparada todavía y hasta esté indiferente espiritualmente. El pastor-consejero experimentado sabe cuándo las condiciones son propicias para emplear la Biblia y orar.

Capítulo 3
Temas de consejería

13. EL MATRIMONIO

El matrimonio es la primera institución que existe desde que hay vida humana. Fue planificado y creado por Dios mismo. La Biblia dice que:

A. En el principio Dios decretó el matrimonio y la familia. ¿En qué piensa usted cuando oye la palabra matrimonio? Algunos relacionan el matrimonio con "estar enamorado". La palabra matrimonio hace que otros piensen en una boda. En muchos casos, los gobiernos tienen leyes sobre el matrimonio. Estas se tratan de asuntos como edad, parentesco, propiedad y divorcio. Las leyes humanas son útiles, pero la idea del matrimonio no vino de los seres humanos.

"En el principio Dios creó los cielos y la tierra" (Gn. 1:1). Él creó la tierra y el mar, el sol y la luna, las plantas y los animales. Y en el principio, Dios creó al hombre y a la mujer y los unió en matrimonio. El matrimonio es idea de Dios.

Esta es la razón por la que dejamos que la Biblia defina el matrimonio y la familia. ¡Seguramente, el que planeó el matrimonio debe definirlo! La Biblia enseña que el matrimonio es un compromiso público entre un hombre y una mujer para llegar a ser uno solo y permanecer fieles el uno al otro hasta la muerte. Cuando un hombre y una mujer se casan, comienza una nueva familia.

B. El plan de Dios para el matrimonio es que cada hombre tenga solamente una esposa. La Biblia enseña que la monogamia (un matrimonio entre un hombre y una mujer) es el plan de Dios. Esto está claro desde la historia de la primera familia, Adán y Eva (Gn.2:20-24). La Escritura nos dice, "Y dijo Jehová Dios; no es bueno que el hambre esté solo; le haré ayuda idónea para él... Por tanto, dejará el hombre a su padre y a su madre, y se unirá a su mujer..." (Gn. 2:18,24). No dice, "ayudas idóneas para él", ni, "se unirá a sus mujeres." Por lo tanto, el plan de Dios siempre ha sido que el matrimonio sea entre un hombre y una mujer.

Lamec, un asesino, fue el primer hombre en la Biblia que tuvo dos mujeres (Gn.4:19-24).

El apóstol Pablo apoya el plan de Dios de una sola esposa. Él dice que un diácono debe ser marido de una sola mujer (1. Tim. 3:2, 12; Tito 1:6). Jesús dejó claro que el plan de Dios era que un hombre se casara solamente con una mujer. "... ¿No habéis leído que el que los hizo al principio, varón y hembra los hizo, y dijo: por esto el hombre dejará padre y madre, y se unirá a su mujer?..." (Mt 19:4-5; Mr. 10:6-7). Además, el Nuevo Testamento nos dice que Jesús se casará con una sola virgen, la iglesia.

C. Dios también bendice a los que eligen la vida de solteros (1 Co 7:10-11). Dios ha dado el don del matrimonio a mucha gente. Él aconseja a la gente soltera que se case si no puede controlar sus deseos sexuales (1 Co 7:9). No obstante, el matrimonio no es para todos. Dios a menudo aprueba períodos largos de soltería o la vida entera de soltería. Primera a los Corintios 7 da varias razones por las que la persona puede elegir ser soltera.

. Un don y llamado a la vida de soltero (1. Cor. 7:7).

. Una crisis presente (1. Cor. 7:26)

. Una comprensión de que el tiempo en este mundo es corto (1. Cor. 7:29-31)

. Un compromiso de dar devoción total a Dios (1. Cor. 7:28,32-35)

. La ausencia de un creyente deseado para casarse (1. Cor. 7:39).

La vida de soltero no es una vida de segunda clase. Es totalmente aprobada y bendecida por Dios. Cada persona debe tener la oportunidad de aceptar o rechazar el matrimonio (1. Cor. 7:37,39-40).

D. Dios da el orden para el matrimonio y la familia (Ef. 5:22-6:3; Gn. 1-21). Dios tiene un plan de orden para todo. Él separó el agua de la tierra seca y la noche del día. Necesitamos orden en la naturaleza y orden en la sociedad; orden en cada nación y orden en cada familia, la unidad más pequeña de la sociedad. Si el orden falla en el hogar, entonces la sociedad está en peligro. La Biblia enseña por lo menos tres cosas sobre el plan de Dios para el orden en la familia:

1. El esposo es la cabeza de la esposa. Los esposos y las esposas son iguales, pero tienen distintas funciones. Recuerde la historia de la creación. Adán y Eva fueron ambos hechos a la imagen de Dios. Ambos tenían el derecho de gobernar sobre la tierra y ambos tuvieron que rendir cuentas a Dios por su pecado. Pero Dios dio el liderazgo al esposo. Él fue creado primero. Fue Adán quien les puso nombre a los animales. Adán demostró su liderazgo cuando llamó "varona" a la mujer y le puso por nombre "Eva".

2. La esposa debe someterse a su esposo. La función de la esposa no es menos que la función del esposo, pero es diferente. La sumisión de la esposa es una actitud de

respeto para su esposo y su liderazgo en el hogar. La esposa siente, habla y piensa por sí misma mientras contribuye al matrimonio. Su sumisión es como la sumisión de la iglesia a Cristo. Es una respuesta al amor de su esposo (Ef. 5:22-24).

3. Los hijos deben honrar y obedecer a sus padres. Esto conecta las generaciones de una familia. Los hijos imitan a sus padres. Si los padres honran a sus padres, entonces los hijos que observan honrarán a sus propios padres. Como dice el proverbio. "el agua fluye hacia abajo". El mandamiento de honrar a los padres viene con una promesa de la bendición de Dios (Ef. 6:2).

14. LA VIDA SEXUAL EN EL MATRIMONIO

Concepto cristiano del sexo. Se encuentran tres Ideas referentes al sexo

a) Es el tema de chistes verdes, un fin en sí mismo, un placer para ser explotado dentro o fuera del matrimonio. En el último caso, las personas involucradas tienen supuestamente el derecho de evitar la responsabilidad de sus actos

b) Es algo sucio pero permisible en el matrimonio para perpetuar la raza humana

c) Es una parte del plan divino, algo bueno y sagrado, reservado para la relación matrimonial. Este último concepto es el cristiano

En vista de que la vida sexual es importante para la conservación del matrimonio, conviene que hablemos de la continuidad. Tómese en cuenta las siguientes recomendaciones:

1. Manténgase fiel a su compañero. Dios exige a las personas fidelidad sexual en el matrimonio. "No adulterarás" es un mandamiento de Dios (Éx. 20:14). "Lo que Dios juntó, no lo separe el hombre" (Mt 19:6).

2. No se niegue a darle a su cónyuge satisfacción sexual. "El marido cumpla con la mujer el deber conyugal, y asimismo la mujer con el marido" (1 Cor. 7:3-5). Los cónyuges dependen el uno del otro para la satisfacción sexual en el matrimonio. Ni el esposo ni la esposa tiene el derecho de decir "no" a las necesidades sexuales del cónyuge. Cada uno debe ser sensible y responder al otro. Pero también deben tener la sensibilidad de respetar la condición física de su pareja. No debe insistir en tener relaciones sexuales cuando su cónyuge siente mal.

3. Esposa, aprenda más acerca de su esposo.

a. El esposo desea el sexo más a menudo que su esposa. El deseo sexual del hombre es generalmente más fuerte que el de la mujer. Ella puede aumentar su disposición para la relación sexual pensando en su esposo y en el placer que él le da. Gran parte del deseo femenino comienza en la mente. La amada en Cantares pensaba en su esposo y anhelaba unirse con él. "¡Oh si él me besara con besos de su boca!... Atráeme; en pos de ti correremos. El rey me ha metido en sus cámaras..." (Cant. 1:2, 4).

b. El esposo disfruta al ver el cuerpo de su esposa. Esta es una fuente importante de placer para los hombres. Dios creó al hombre con el deseo de ver a su esposa desnuda. Algunas mujeres se avergüenzan y prefieren no desnudarse ni usar ropa seductora en el dormitorio. Quieren tener la relación sexual en la oscuridad. Esto le quita al hombre el gozo de ver el cuerpo de su esposa. El cuerpo no tiene que ser perfecto para que sea fuente de placer, Pero la esposa debe cuidar su cuerpo para mantenerlo bello.

c. El esposo quiere que su esposa se sienta libre. La timidez y la modestia tienen su valor. Pero pierden mucho de su valor en la cama matrimonial. El esposo recibe placer cuando su esposa explora y ama su cuerpo. Al esposo le agrada cuando ella disfruta de él. La esposa en Cantares incluso toma la iniciativa en la seducción. En el capítulo 6:13-7:9, lavemos bailar ante su esposo. Él admira su cuerpo mientras ella lo atrae al amor. La esposa sentirá más libertad si su esposo le provee un lugar donde ella se sienta segura de tener privacidad. Ninguna esposa se siente a gusto en la relación sexual si los hijos u otras personas pueden oír o pueden entrar al dormitorio.

d. Al esposo le gusta recibir elogios cuando satisface a su esposa. Déjele saber cómo puede satisfacerla. Elógielo cuando él la complazca emocional y físicamente. Él se esforzará para hacerlo otra vez.

4. Esposo, aprenda más sobre su esposa.

a. A la esposa le gusta la atención de su esposo. La buena disposición del esposo para hablar, escuchar y prestar atención en todo sentido, proporciona gozo al amor sexual de la esposa. Esposo, demuestre amor físico a veces sin buscar sexo. Haga cosas amables para su esposa cuando no esté esperando meterla en la cama. Esto la hará sentirse amada.

b. A la esposa le gusta tener ayuda con el trabajo de la casa. El esposo odia oír las palabras "estoy demasiado cansada". Pero la mayoría de las veces, esto no es una excusa; es la verdad. En todo el mundo las mujeres, por lo general, trabajan más que los hombres. El hombre por lo general tiene un momento del día en que su trabajo termina. Pero la mujer con frecuencia trabaja todo el día. Si usted desea ver a su esposa con más energía para sus relaciones sexuales, ayúdele más con el trabajo. Así ella no estará tan cansada. También, enséñeles a los hijos a ayudar con el trabajo de la casa.

c. A la esposa le gusta tener más romance en su vida. Cantares da buenas ilustraciones de cómo iniciar el romance. En un ambiente romántico todos los sentidos cobran vida. Lamente se despierta. Se prepara un ambiente hermoso para la relación sexual. La fragancia de los cuerpos limpios y perfumados está presente. El sabor de la boca es refrescante y el roce de la piel es lento, tierno y excitante. Hacen que la mujer se sienta hermosa, valiosa y amada.

d. A la esposa le gusta sentirse libre de responder como ella desea. A menudo, la esposa desea llegar a un clímax sexual con su esposo. Algunos hombres despiertan el deseo de una esposa besándola y tocándola, pero después se duermen y la dejan frustrada. Si la esposa desea llegar al clímax, el esposo no debe quedar contento con lo que a él le satisface. A veces, la mujer puede disfrutar la unión con su esposo sin clímax. El esposo debe seguir la dirección de su esposa en esto.

15. ELECCION DEL FUTURO CONYUGE Y NOVIAZGO

Un factor importante para lograr la armonía matrimonial es elegir sabiamente al futuro cónyuge. Un refrán inglés dice «Más vale una onza de previsión, que una libra de medicina». Naturalmente, el creyente buscará la voluntad de Dios en el asunto, pero si sabe los elementos que deben ser considerados cuando elija, podrá reconocer mejor la dirección divina.

Conviene que el pastor-consejero dicte clases de instrucción a los Jóvenes que no han elegido todavía a sus futuros consortes. A continuación, tenemos ciertos requisitos que se deben considerar:

a) Los Jóvenes deben tener motivos dignos para casarse. Algunos de los motivos insuficientes pueden ser:

> Compadecerse el uno del otro

> Escaparse de la soledad

> Casarse para no ser diferente de sus compañeros

> Demostrar a su ex pretendiente, el cual lo dejó, que es capaz de atraer a otra persona

> Escaparse de un hogar infeliz o de otra situación desagradable

> Casarse con una persona muy parecida a un pariente allegado

> Experimentar la vida conyugal, y si no resulta bien, disolver la unión. El amor que se desarrolla de tales motivos carece de profundidad y no servirá de fundamento para una unión armoniosa y permanente. Proviene de deseos egoístas, pues la persona piensa mayormente en satisfacer sus propias necesidades.

El verdadero amor piensa en el bien de la otra persona, desea compartir su vida con ella y hacerla feliz.

b) El (la) Joven encontrará ciertas características en la persona que podrá llegar a

ser buen cónyuge.

> Será alguien que sea creyente y más o menos de la misma doctrina, para que no haya conflicto tocante a la Iglesia a la cual asistir. Los casamientos mixtos acarrean muchos males. ¿Cómo puede una mujer que busca lo terrenal, ser ayuda?

>Será alguien con el cual se sienta cornada y se complazcan en estar Juntos. Si ambos Jóvenes no pueden conversar bien entre sí y se divierten solamente cuando están uno en los brazos del otro, es muy improbable que lleven una vida feliz en el futuro.

> Será alguien con Ideales parecidos. Por ejemplo, deben tener la misma actitud hacia el trato con otros, los modales, la manera de comportarse, los valores de la vida, el dinero, el sexo y la ética en los negocios

> Será alguien de más o menos, la misma edad. Si hay diferencia de edades, lo preferible es que el hombre sea el mayor.

EL NOVIAZGO

Las personas que piensan seriamente en el matrimonio, se comprometen. La preparación emocional, espiritual y sexual para el matrimonio es importante.

El noviazgo es un período en el que los dos pueden poner a prueba su amor. La pareja que tiene muchos conflictos en su noviazgo no está lista para casarse.

16. ARMONIA MATRIMONIAL

El matrimonio es la relación más compleja de todas las relaciones humanas. Hay factores que producen armonía matrimonial, y es importante que el pastor-consejero los conozca, tanto para aconsejar a parejas que están en dificultades matrimoniales, como para asesorar a parejas que planean casarse. Los factores más importantes son:

1. Mantenimiento y cultivo del respeto mutuo. El respeto mutuo entre esposos es tan importante, como el amor romántico. No se puede querer por largo tiempo a alguien que no infunda respeto. Hay casos en que el respeto mutuo que siente la pareja en los primeros años de matrimonio, disminuye paulatinamente. Los consortes dan por sentado que su cónyuge los acepta, no importa cuál sea su comportamiento. Dejan de practicar buenos modales en la casa, descuidan su apariencia cuando están solos y no respetan las opiniones del otro. Lo peor es cuando uno se siente superior y menosprecia en algo al otro.

¿*Cómo* puede el uno mantener el respeto del otro? Se dice que «el respeto se gana y no se impone» Cada consorte debe esforzarse en cumplir su papel en la familia. La esposa debe mantener el aseo de la casa, preparar bien la comida y cuidar bien de los hijos. El marido debe esforzarse para satisfacer las necesidades del hogar, tomar su autoridad como cabeza de familia y participar en las actividades de recreación.

También se mantiene el respeto matrimonial, tratándose el uno al otro con cortesía, consideración y cariño. No cuesta decir «Muchas gracias, mi amor», y produce buenos resultados; también deben ser comprensivos.

Los cónyuges deben esforzarse por respetarse el uno al otro y ser dignos de respeto en la vida matrimonial.

2. Madurez emocional. Algunos síntomas de la falta de madurez son ser exigente en cuanto a la satisfacción de sus propios deseos, no considerar los sentimientos y deseos de su cónyuge, dar rienda suelta a sus sentimientos cuando las cosas andan mal o la persona no consigue lo que desea (gritar, llorar, reñir, estar de mal humor, callarse, no aceptar responsabilidades, no ceder en los asuntos en que hay diferencias de opinión).

El matrimonio es la más íntima de todas las relaciones humanas y la que exige lo máximo de las dos personas. Lo ideal del matrimonio es darse el uno al otro. El escritor inspirado añade otras dimensiones «someteos unos a otros en el temor de Dios; el que ama a su mujer, a sí mismo se ama» (Efesios 5: 21, 28). «Perdonándoos unos a otros, como Dios también os perdonó a vosotros en Cristo; no se ponga el sol sobre vuestro enojo» (Efesios 4: 26, 32).

3. Comprensión de las diferencias que hay entre los dos sexos.

Las diferencias sicológicas entre los dos sexos son algo muy grande y menos conocido. Veamos algunas generalizaciones que se pueden aplicar a la mayoría de la gente:

a) Los hombres tienden a pensar lógicamente, con el intelecto; la mujer tiende a pensar con su corazón.

b) El hombre se ocupa más de sus actividades fuera del hogar y en el mundo externo, que de sus sentimientos; la mujer se contenta más en sus propios sentimientos y es menos objetiva en su punto de vista.

c) Los hombres tienden a tomar en cuenta principios y a generalizar sus conocimientos; las mujeres consideran más los detalles o particularidades, por ejemplo: un hombre ve el panorama y la mujer los pormenores.

d) El hombre es menos capaz que la mujer de entender y de expresar una emoción.

g) La reacción ante lo sexual difiere según el sexo. El hombre tiende a considerar el acto del matrimonio como un medio de satisfacer su instinto sexual, la esposa tiende a considerarlo como algo que es inseparable del amor romántico. Alguien dijo que "el hombre da cariño para recibir sexo, y la mujer da sexo para recibir cariño.

17. ARMONÍA MATRIMONIAL (cont.)

4. Comunicación

No es de extrañarse si hay roces entre los cónyuges. Por regla general, hay desacuerdos en todo matrimonio, pues es una unión de dos personas distintas, con diferentes fondos e ideas. Sus roces no serán graves, si pueden comunicarse el uno con el otro de manera positiva, pero si se comunican airadamente o dejan de comunicarse entre sí, habrá problemas cada vez más serios. Los desacuerdos no resueltos tienden a volverse más irritantes y profundos.

Si las personas ventilan sus desacuerdos abiertamente con el objeto de resolverlos de una manera madura, es muy probable que puedan llegar a librarse de esos sentimientos negativos. Por ejemplo, una señora respondió con calma a una observación áspera de su marido «Tus palabras me hieren, querido» El esposo, quedó un poco asombrado y le pidió perdón. Si ella se hubiera callado o hubiera fingido que no estaba ofendida, es probable que hubiera guardado resentimiento en su corazón. Comunicó sus sentimientos, pero de una manera positiva.

Hay varias maneras de responder a la queja de su consorte:

a) Enojarse, defenderse vigorosamente y, tal vez, señalarle sus faltas. Nadie quiere ser confrontado con sus deficiencias, pues es un golpe a su «yo»; sin embargo, es necesario.

b) Desoír la queja y seguir como de costumbre, en vez de resolver la situación, puede llevar a la persona ofendida a la exasperación. Una mujer que se había separado de su marido, decía «Nunca me escuchó»

c) Sentirse ofendido y limitarse a permanecer callado por largo tiempo, es una actitud sumamente cruel. El silencio prolongado manifiesta cólera vengativa y falta de respeto hacia la otra persona.

La persona que recurre a esta estratagema daña su propia salud.

d) Evitar una confrontación a todo costo, pero guardar resentimiento en su corazón, tampoco es la solución.

e) Escuchar lo que dice su cónyuge y dialogar objetivamente acerca del remedio de la falta al Igual que es doloroso limpiar una llaga, cuesta reconocer las faltas, pero aporta grandes beneficios se gana el respeto de la otra persona y se mantiene la armonía.

Es de tanta Importancia recibir las quejas de su cónyuge, como saber comunicarlas prudentemente y a tiempo. Hay algunas ideas a seguir:

a) Debe tener un motivo correcto. El cónyuge no debe abusar de su privilegio de comunicarle al otro su queja con el fin de castigarlo o desahogarse a sí mismo de su frustración respecto a otras cosas (Tal vez se acuerda del mecanismo de defensa llamado "sustitución"). Por ejemplo, este funciona cuando una persona no tiene el valor de enfrentar a su Jefe ante una injusticia y descarga su enojo contra otra persona menos capaz de tomar represalias.

b) Debe pedirle a Dios que le de sabiduría y gracia para comunicarle a su consorte su falta, y para librarlo de ella. A veces Dios nos muestra cosas sorprendentes cuando oramos.

c) Debe elegir una hora propicia. En la mayoría de los casos, temprano en la mañana no es la hora de señalar quejas. Un hombre observó «En la mañana no me siento sociable, hasta que he tomado una taza de café».

d) Debe hacer caso al consejo paulino, según una versión moderna «Hablando la verdad en un espíritu de amor» (Efesios 4: 15, DHH). Debe emplear palabras suaves y acompañarlas con cariño sincero.

e) Debe tener paciencia y seguir orando en aquellas situaciones en las que su cónyuge no acepte la queja o la sugerencia. No conviene insistir, discutir o reprender.

Debe mostrar su gratitud cuando la persona remedia su falta; sin embargo, no debe retirar su amor bajo ninguna circunstancia.

18. ASPECTOS IMPORTANTES EN PAREJA

1. **Acuerdo con respecto a las finanzas.** La falta de dinero y los desacuerdos tocantes a la manera de gastarlo, son problemas comunes en los matrimonios.

Surgen algunas preguntas acerca del dinero ¿Qué cosas son necesarias y qué cosas son de lujo? ¿Cuánto dinero deben gastar para la casa? ¿Para la ropa? ¿Para los Víveres? ¿Cuáles artefactos y muebles son indispensables para los recién casados? ¿Hasta qué punto deben comprar cosas a plazos?

Es la costumbre de muchas señoras seguir trabajando después de casarse; si guardan sus entradas aparte, puede ser que lleguen a sentirse autosuficientes e independientes de su marido Conviene que pongan sus entradas en un fondo común y que planeen Juntos como gastarlo.

2. **Planificación de la familia y unión para criar a los hijos.** Se dice que la reproducción es un milagro en el cual Dios permite que los padres participen. También es un resultado natural de la unión matrimonial. Con el avance de la Ciencia, es posible ahora controlar la natalidad, planificar la llegada de los hijos y limitar la familia.

Entre los creyentes existen diferencias de convicciones en cuanto al control de la natalidad. Algunos cristianos señalan que Dios castigó a Onán por haber vertido entierra su simiente cuando se unió con la viuda de su hermano (Génesis 38:8-10); sin embargo, se nota que Onán fue muerto por su egoísmo. No quiso que Tamar quedase embarazada por la relación sexual, y así diera descendencia que llevara el nombre de su difunto hermano; violó la ley del levirato de aquel entonces, la cual exigía que la viuda sin hijo varón fuera desposada por su cuñado, el primer hijo era adjudicado al difunto y recibía su nombre y su herencia así no se extinguía el nombre del difunto (Deuteronomio 25:5-10)

La Biblia ni enseña ni prohíbe el control de la natalidad. Algunos creyentes practican la planificación familiar; muchas parejas toman medidas para no tener hijos en el primer año de su vida conyugal, pues procuran amueblar su casa y tener tiempo para ajustarse el uno al otro antes de asumir la responsabilidad de la paternidad.

3. **Buenas relaciones con los suegros.** Los suegros son importantes y deben ser respetados y amados. Es aconsejable visitarlos de vez en cuando, pero no vivir con ellos; las parejas que viven en un lugar aparte están más contentas y tienen menos tensiones. Los cónyuges deben arreglar sus diferencias sin recurrir a los padres, y no deben acostumbrarse a depender de ellos; esto puede ocasionar un fuerte resentimiento contra ellos y repercutir en tensiones entre los cónyuges.

4. **Cultivo de intereses en común y participación en las mismas actividades.** La vida tiene muchos aspectos y debe haber equilibrio entre el trabajo, la recreación, la religión y las actividades sociales. Hay que tomar tiempo para la recreación, el culto y la vida social. Aunque haya gustos diferentes, se pueden evitar muchos roces en el matrimonio si los dos consortes están dispuestos a ceder el uno al otro. Pero si uno insiste en Imponer su deseo sobre el otro continuamente, habrá problemas.

5. **Importancia de mantener vivo su romance.** En el período del cortejo y el noviazgo, las dos personas se

esfuerzan en ganar el amor del otro. Después de los primeros años de matrimonio, tienden a veces a disminuir sus esfuerzos románticos. Dejan de darse la misma atención, consideración y cortesía de antes; pero es Importante que mantengan vivo su amor romántico. Es Importante recordar el cumpleaños de ella y la fecha de aniversario del matrimonio, trayendo un regalo o celebrándolos de una manera especial. La esposa debe hacer su parte, manteniéndose atractiva y atenta a su marido; debe expresarle su admiración, halagándolo cuando logra algo, que no pierda la admiración que sentía hacia su cónyuge en el período del cortejo y el noviazgo.

Un aspecto Importante del romance en el matrimonio es el sexo. Algunos maridos piensan solamente en satisfacer sus propios deseos y les importa poco si el acto matrimonial es o no una experiencia deleitosa para su esposa. En cambio, hay esposas que se cansan del sexo después de tener algunos hijos, prefieren no experimentarlo con frecuencia.

6. Unión en su vida espiritual. No hay factor más Importante que el de la fe en Cristo en cuanto a hacer los ajustes entre esposos. La Iglesia no es una institución perfecta, sino un establecimiento dirigido por seres humanos y al cual asisten seres Imperfectos, muchos de los cuales se sienten solos y necesitados fuera de ella. Muchos de los problemas familiares se solucionan poniendo a Cristo en el primer lugar. La pareja debe establecer un altar familiar en su hogar desde el comienzo mismo de su unión.

19. ASESORAMIENTO PREMARITAL Y MATRIMONIAL

1. Asesoramiento pre marital. El momento oportuno de comenzar a solucionar problemas matrimoniales es antes de que surjan, o sea, en el período anterior a la boda. El propósito general de la consejería prematrimonial es ayudar a individuos, parejas y grupos de parejas a prepararse para el matrimonio y para edificar futuros hogares estables y felices. Algunas de las metas específicas son:

(1) ayudar a los comprometidos a entenderse el uno al otro.

(2) Enseñar el concepto cristiano del matrimonio y del sexo.

(3) Llevarlos a un entendimiento del papel que cada cónyuge ha de desempeñar.

(4) Señalarles los factores que producen la armonía matrimonial, incluso indicarles los problemas que pueden surgir y las actitudes que son necesarias para resolverlos.

Hay dos maneras de asesorar a los comprometidos celebrar entrevistas con una pareja a la vez, o aconsejar a las parejas en grupo; si el pastor elige el primer método, puede tener una sesión con las dos personas, luego una sesión con la novia y otra con el novio. Luego se reúne con los dos. Por regla general, es aconsejable celebrar una entrevista cada semana

En la primera sesión, el asesor debe averiguar cómo piensan los comprometidos acerca de los aspectos del matrimonio, incluso sobre el sexo, su manera de manejar las finanzas, la relación con sus suegros, a que Iglesia asistirán, donde vivirán, cuántos hijos quieren tener, y si la mujer seguirá trabajando después de casarse en caso de que ya lo esté haciendo.

Es importante que el pastor, a través de las conversaciones, anime a los novios atraer a la luz sus temores escondidos respecto a su compañero y hacerle frente a su personalidad.

2. **Consejería matrimonial.** Relativamente pocas parejas que tienen conflictos matrimoniales recurren al pastor para recibir consejos; prefieren buscar ayuda de personas más alejadas o seguir sin consejería. Las metas del asesoramiento matrimonial son varias; veamos algunas:

a) Ayudar a los cónyuges a verse objetivamente a sí mismos el uno al otro, y luego ayudarlos a entender los aspectos de sus problemas. Por regla general, los consortes están tan enredados emocionalmente en sus problemas, que no se comprenden ni a sí mismos, ni los factores de sus dificultades.

El pastor les dará la oportunidad de hablar y los escuchara con empatía. Puede animarles a contar sus problemas, diciendo «Siéntanse libres para expresarse, yo no traicionaré su confianza»

b) Ayudar a los esposos a que aprendan a comunicarse mutuamente Hamilton observa «El mejor servicio que un pastor puede prestarles a personas que tengan conflictos, es ayudarlas en el proceso de una comunicación adecuada». SI conversan entre sí acerca de sus problemas, habrán ganado la mitad de la batalla. Detrás de muchas de las dificultades maritales se encuentra la falta de comunicación.

c) Ayudar a los cónyuges a reconciliarse. Generalmente, ambos consortes contribuyen a los problemas, ni el uno ni el otro tienen toda la razón. La Biblia enseña que el primer paso hacia el perdón y la reconciliación es reconocer su propia responsabilidad y confesarla (1 Jn. 1: 9,10).

d) Ayudar a los consortes a encontrar soluciones. A veces la pareja intenta resolver sus problemas, pero no sabe cómo hacerlo; en tal caso, el pastor puede ayudarlos a encontrar soluciones alterativas y animarlos a esforzarse para llevarlas a cabo.

e) Ayudar a las parejas a desarrollar su vida espiritual y a hacer una consagración profunda a Cristo. El asesoramiento matrimonial da al pastor la oportunidad de ganar almas. ¿Cómo debe el pastor asesorar a una pareja que tiene problemas matrimoniales? ¿Es mejor entrevistar a los cónyuges por separado o Juntos? Hay diferencia de opiniones al respecto entre los consejeros profesionales. Tal vez convenga entrevistar a los dos a la vez, y luego, si es necesario, hablarles por separado, y finalmente ha de aconsejarlos como pareja.

20. ASESORAMIENTO MATRIMONIAL

1. **Separación y divorcio.** La inestabilidad de la familia es uno de los males más devastadores que azotan a la sociedad occidental. En algunos países, uno de cada tres matrimonios termina en separación o divorcio.

La Biblia presenta el concepto del matrimonio como un pacto para unir a dos personas para toda su vida, una unión que no debe deshacerse, salvo en el caso de inmoralidad. La palabra "divorcio" viene de un término latino que significa "desviar de su camino"; Las parejas que no ven otra salida a sus conflictos, se separan, pero ese paso es como decapitarse para curar los dolores de cabeza. El consorte que se separa del otro tal vez se sienta culpable, pero es probable que el abandonado se sienta rechazado y humillado; experimentará todos los sentimientos: enojo, amargura, tristeza y pesar.

¿Qué les pasa a los hijos cuando uno de los padres se ha ido? Los padres, en el momento de separarse, no se hallan en buenas condiciones para resolver tal problema con serenidad Incluso la esposa que acepta el hecho de la ruptura y evita acciones o comentarios que dañen la imagen del padre, difícilmente puede evitar que sus hijos vean en ella una víctima; sus expresiones de tristeza, su soledad, terminan por comunicar amargura y originar sentimientos perturbados en los hijos.

2. **Consejería a los separados.** Las personas que deciden separarse necesitan la comprensión y el apoyo de su pastor. El pastor comprensivo tratará de ayudarlas a comunicarse entre sí ya lograr un acuerdo sobre la propiedad y los hijos; por amor a los niños, deben poner freno a una atmósfera de odio y conflicto, y mantener al menos cordialidad. A veces la madre trata de ocultar el hecho, diciendo que el papá va a trabajar en otro lugar y así llena a los hijos de incertidumbre; lo ideal es que los padres deben informar a sus hijos. Explicarles lo que está pasando, tengan la edad que tengan y que la información la reciban de sus padres y no de otra persona. Los niños después no perdonarán las noches de insomnio y de zozobra, por no saber la verdad. Lo que más produce angustia es la incertidumbre, por lo que es necesario eliminarla.

Lo más lógico es que el que se va pueda ver a sus hijos con la misma frecuencia que antes y también, que los padres tengan una relación amistosa frente a ellos.

Es Importante para el bien del separado, que el pastor guíe a la congregación a aceptarlo y ayudarlo a ajustarse a su nueva vida; hacerle ver que el mundo no termina con la separación. Muchos separados proceden con valentía y descubren que Dios no ha muerto ni sus amigos los rechazan. Es posible criar a los niños a fin de que sean adultos normales a pesar de su hogar destruido.

3. **Aceptación de los casados de nuevo.** Una mayoría de los separados no quedan solos por mucho tiempo, no obstante las leyes de ciertos países no permiten el divorcio ¿Qué debe hacer el pastor cuando se convierte una mujer separada de su marido pero que cohabita con otro hombre? ¿Debe aconsejarle que deje a su actual consorte, diciéndole que es adulterio cohabitar con él? La separación de su actual marido equivaldría a romper una familia más y cometer el mismo pecado que en la primera separación. Muchos de los pastores evangélicos aplican en tales casos el principio paulino referente a otras cosas «Cada uno en el estado en que fue llamado, en él se quede» (1 Corintios 7:20).

21. PROBLEMAS DEL SEXO

El Joven de hoy es estimulado sexualmente de forma constante. La humanidad del siglo veintiuno está obsesionada por el sexo; todos los medios masivos de comunicación: diarios, revistas y televisión, lo bombardean constantemente. Hoy más que nunca los Jóvenes creyentes enfrentan problemas serios en cuanto al sexo, por lo que el pastor-consejero debe estar preparado para ayudarlos. Veamos algunos de estos problemas:

1. La **masturbación.**

La masturbación puede ser un acto aislado que el joven hace en un momento de debilidad, pero también puede llegar a ser un vicio que el Joven practica compulsivamente varias veces por semana y hasta a diario. La práctica puede llegar a ser algo que domina al dividuo hasta que no puede pensar en otra cosa; mientras más se masturba, tanto más se quiere masturbar, cuanto más la practica, tanto más depende de ella. Así la persona se enreda en un círculo vicioso; con frecuencia la masturbación compulsiva es un síntoma de algún trastorno emocional como complejo de inferioridad, sentido de inseguridad o rechazo.

El pastor puede celebrar con los Jóvenes una sesión de grupo, en la cual se traten los problemas de la adolescencia, incluso el de la masturbación. Por supuesto, se separa a los muchachos de las muchachas, y una mujer puede aconsejar a las chicas. Si un Joven viene al pastor buscando consejo sobre este tema, hay algunos principios que se deben observar:

a) Debe tratar al asesorado con respeto y comprensión. No debe cargar con culpas su conciencia, pues tal vez ya se sienta culpable, inseguro e indigno; aumentar su sentido de culpa solo lo debilitará más y fortalecerá su mala práctica.

b) Si la práctica es compulsiva, puede ayudarle a encontrar la inadaptación emocional que produce el problema. Se dice que los niños inseguros y desdichados, a menudo procuran obtener placer y alivio de la tensión a través de la masturbación.

c) Debe aconsejarle que eche mano de la ayuda de Dios para enfrentar su problema. El aconsejado tiene que saber que la fuerza no está en él mismo, pues nadie puede vencer este vicio por sus propias fuerzas.

d) Debe señalarle como controlar sus pensamientos y como ocuparse en las cosas buenas.

2. **Relaciones prematrimoniales y madres solteras.**

El Juego de caricias entre jóvenes despierta un apetito ascendente, y que los dos pueden pasar al punto del cual es casi imposible volver. Una vez que han experimentado el sexo, es muy difícil dejarlo. Hay otras razones por las cuales los jóvenes cometen fornicación:

a) Ideas erróneas. Satanás usa muchos argumentos para llevar a los jóvenes a la inmoralidad. Algunos de estos son:

< «Dios nos ha dado el apetito sexual para que sea satisfecho» Así es, pero no fuera del matrimonio. La fornicación o adulterio es un acto contra Dios.

< «Las relaciones prematrimoniales son buenas para preparar a los jóvenes para tener un matrimonio equilibrado y feliz». La verdad es otra; en vez de preparar a la persona para el matrimonio, las relaciones pre maritales, a menudo le producirán un sentido de culpa y recelo.

< «Reprimir el sexo perjudica la salud». No hay evidencia médica alguna que sostenga tal aseveración; al contrario, el sentido de vergüenza y de terror de ser descubierto, a menudo afecta la salud desfavorablemente. Dios ha provisto un alivio a las tensiones sexuales en los jóvenes solteros en las emisiones nocturnas de semen.

b) A veces los padres fracasan. Algunos padres no les enseñan a sus hijos los valores y normas de la conducta entre los sexos; esto hace que dichos hijos tengan poca o ninguna convicción respecto a la moralidad. Otros no le dan a su hija el afecto y la atención que necesita. Esa privación de cariño en el hogar prepara el terreno para que las caricias amorosas hagan de la chica una presa fácil para un hombre inescrupuloso.

c) La curiosidad puede llevar a los jóvenes a experimentar relaciones sexuales. Quieren ver como es. Por regla general, a dichos jóvenes les falta educación sexual.

d) Algunas solteras buscan el embarazo porque lo consideran el medio para obligar al varón a casarse con ellas o para forzar a sus padres a consentir en su matrimonio.

3. **Consejería a las madres solteras**

La madre soltera muchas veces necesita la ayuda del pastor para tomar las decisiones correctas ¿Debe casarse con el Joven que engendró a su hijo? Esto depende de muchos factores. No debe casarse solo por obligación, pues tales uniones raras veces resultan bien y muchas veces terminan en la separación. Pregúnteles si hay amor recíproco ¿Son compatibles? ¿Cuál es la actitud de los padres de la pareja? ¿Están los jóvenes en condiciones económicas para establecer un hogar? El pastor no debe Imponerles sus soluciones, sino ayudarlos a explorar la situación y a tomar sus propias decisiones.

5. Perversiones sexuales y homosexualidad

Existen desviaciones sexuales en las que un individuo obtiene una satisfacción sexual, aparte de la obtenida en la copulación (coito) normal entre un hombre y una mujer; se llaman «perversiones sexuales». Entre ellas pueden contarse varias expresiones:

Exhibicionismo: Impulsados a exhibir sus órganos genitales para obtener excitación sexual,

Fetichismo: Se despiertan sexualmente solo mediante objetos como ropa interior, medias o zapatos del sexo opuesto.

Sadismo: Es el gozo sexual experimentado al hacer sufrir a otra persona que, paradójicamente, se quiere en la mayoría de los casos. Se manifiesta causando tanto dolor físico como sufrimiento mental (insulto, humillación, etc.)

Masoquismo: se expresa en los que encuentran placer sexual al sufrir dolor o golpes, o al someterse a la cólera ajena y a los insultos.

Bestialismo: es la desviación sexual que se caracteriza por las relaciones sexuales con animales.

Pederastia: Son las actividades sexuales con niños, sean heterosexuales u homosexuales.

Homosexualidad o inversión: Es cuando los individuos se sienten atraídos sexualmente hacia personas del mismo sexo.

Se considera que las perversiones sexuales surgen generalmente de complejos formados en la niñez, pero también, algunas pueden ser aprendidas.

Capítulo 4
Complicaciones sicológicas

22. FORMACION DEL NIÑO

¿Cuáles son los factores indispensables para la buena formación de la personalidad del niño?

1. Establecer un hogar seguro.

No es conveniente en absoluto subestimarla Importancia de la primera infancia en el desarrollo del niño. El psicólogo evangélico James Dobson dice que los primeros cinco años de la vida tienen muchísima importancia para toda la vida que sigue, pues en aquel período se establecen los fundamentos. Las actitudes y los valores de la persona, su amor a Dios, su concepto de sí mismo todo esto se arraiga en los primeros años. En cambio, dicen los psicólogos que la mayoría de las enfermedades mentales (graves o leves) son resultado directo de conflictos no resueltos en la primera infancia. La necesidad de tener ambos padres y el clima de amor y segundad son imprescindibles para el desarrollo íntegro del niño.

El amor maternal es un factor muy Importante en el desarrollo del niño. Es un hecho bien conocido que el bebe que no tiene contacto estrecho con un adulto, puede sufrir daños físicos y psicológicos.

Dado que el cuidado materno es tan Importante, ¿debe trabajar la madre fuera del hogar? ¿Puede una niñera de dieciséis años o una abuelita tomar su lugar? ¿Serán capaces de disciplinar y amar en correctas proporciones? ¿Qué cosa puede ser más Importante que estar con su hijo y amoldar su personalidad durante los años vulnerables de su vida?

2. Disciplinar.

El pensador francés Dionisio Diderot dijo que en todo niño yace un delincuente potencial, así es que la obra de criarlo es convertir en carácter bueno la materia prima. Al nacer, el niño piensa únicamente en sí mismo, en sus propios deseos y en su propia comodidad. El carácter de un niño necesita una estructura adecuada, y el comienzo de estos controles debe venir desde afuera. Solamente cuando los controles externos han sido adecuados, puede el niño apropiárselos, hacerlos parte de sí mismo, y tener de este modo la necesaria estructura interna para permitir que el crecimiento se lleve a cabo de forma completa y bien.

Es muy interesante notar que el niño mismo desea ser controlado por sus padres, no obstante lo cual los obliga a comprobar que pueden imponerle su autoridad. A veces protesta amargamente, pero en su interior se complace en saber que sus padres lo aman lo suficiente como para protegerlo contra su propia necedad y falta de experiencia.

Los psicólogos observan que el exceso de libertad o la disciplina deficiente conducen a la inseguridad y a la agresividad antisocial. Igual que David, el niño puede decir «Tu vara y tu cayado me infundirán aliento» (Salmo 23 4).La vara representa la disciplina y el cayado la protección.

3. Dar amor inteligentemente.

Es importante para el desarrollo normal del niño que sea apreciado por sus padres y que sea criado en un ambiente donde reciba la atención y el cariño constante de ellos; si el niño es amado, puede aprender a llevarse bien y a colaborar con los demás, y llegar a ser una persona útil y feliz; si no es amado, es probable que sea incapaz de dar y recibir afecto.

También el amor de padres bien intencionados puede ser dañino. Este se expresa a menudo mimando a los niños de una manera exagerada; tal exceso perjudica la formación de la personalidad. El verdadero amor de los padres se expresa dando de su tiempo a los niños. En especial, el padre debe cumplir su papel de cabeza de familia.

23. FORMACION DEL NIÑO (CONT.)

4. **Comprender, enseñar y guiar a los niños.** Las palabras de Salomón relativas a la crianza de los niños, son tan acertadas ahora como eran en el día que fueron escritas; «Instruye al niño en su camino, y aun cuando fuere viejo no se apartara de él» (Proverbios 22: 6). Sobre los padres y luego sobre los maestros de la escuela recae la mayor responsabilidad de enseñar a los niños. Es Importante enseñarles a tener buenos modales y a ser corteses; la esencia de la cortesía es una actitud desinteresada, es apreciar a otros y ponerlos en primer lugar.

El desarrollo moral del niño comienza en serio en la niñez intermedia (6 a 12 años) Freud pensaba que el niño pequeño probablemente no tiene concepto alguno del bien y el mal, pero pronto descubre que los padres imponen ciertas prohibiciones y directivas sobre su conducta.

Ya hemos mencionado la Importancia de enseñar el dominio propio Jack Hyles, un famoso pastor bautista, nos expone las áreas relacionadas con esta virtud:

< Un niño debe aprender que vale la pena sacrificar una gratificación inmediata y pasajera, para ganar un fin de valor permanente.

< Debe aprender que en el reino de Dios «deber» y «poder» están relacionados si la Biblia dice que «yo debo», quiere decir también que «yo puedo»

< Debe aprender a decirle «no» a lo malo

< Debe aprender a no permitir ser arrastrado por lo que dice y hace el mundo

< Debe aprender a no temer ser impopular

< Debe aprender a dominar tanto su apetito, como su mal genio

El pastor Hyles sugiere cuatro factores para motivar el dominio propio en el niño

(1) el tener una meta,

(2) la posibilidad de recibir castigo si no ejerce el autocontrol,

(3) el deseo de agradar a una persona importante para el

(4) el deseo de recibir palabras de elogio.

5. Aconsejar a los padres y a sus hijos. Conviene que el pastor brinde clases a los padres para enseñarles a comprender, a disciplinar y a guiar a sus hijos. También es probable que tenga la oportunidad de asesorar a los padres que tienen problemas con sus hijos; muchos de los problemas relativos a los niños provienen del hecho de que los padres no comprenden a sus hijos y no saben cómo actuar para evitar sus problemas.

A veces el niño se siente indigno porque sus padres tienen un complejo de inferioridad; en otros casos, el niño se siente inferior porque sus padres exigen demasiado de él o lo rechazan, sin darle el amor y el respeto debidos. Algunas maneras de aumentar la estimación propia de un niño:

< Se debe alentar al niño a fijarse metas que sea capaz de alcanzar. Esto no significa que debamos desalentar la ambición. Más bien quiere decir que las aspiraciones del niño deben ser realistas para que no fracase continuamente.

< Se le debe ayudar a comprenderse a sí mismo, y cuanto mejor conozca sus capacidades y sus debilidades, tanto más fácil le resultará aceptarse.

< Se debe alentar a los demás a aceptar al niño.

No es fácil criar a un niño mediante una buena enseñanza y proporcionándole un medioambiente ideal para su desarrollo; pero es de gran valor amoldarlo según el plan divino y encaminarlo en sendas de justicia, utilidad y contentamiento.

24. LA ADOLESCENCIA

¿Qué es la adolescencia? Por regla general, se define como el período de la vida entre la niñez y la edad adulta. El proceso comienza con la pubertad (12 ó 13 años de edad para las chicas, y alrededor de 14 ó 15 años para los muchachos). Lo difícil es determinar cuando acaba. Unos dicen que a los dieciocho o diecinueve años y otros, a los veintidós o veinticuatro, o sea, desde la pubertad hasta que la persona adquiera una profesión o un estado matrimonial responsable, o una actividad que le permite desenvolverse de forma autónoma y libre.

Es Importante que los consejeros cristianos que se ocupan de los adolescentes sepan las características y problemas de ellos, puesto que la adolescencia es el período de crisis religioso en que la mayoría de los hijos de creyentes toman la decisión de seguir a Cristo o de abandonar la fe de sus padres.

También el aumento de la delincuencia juvenil nos obliga a comprender mejor a los adolescentes y a esforzarnos en tomar medidas tanto correctivas como preventivas.

1 **Características de los adolescentes.**

El medioambiente en que se mueven los jóvenes difiere de uno a otro Y aun cuando dos individuos del mismo ambiente afronten el mismo problema, es probable que uno reaccione de modo diferente al otro

a) *Cambios físicos.* El primer ajuste Importante de la adolescencia tiene que ver con el cambio biológico. Nos interesa considerarlo, pues el desarrollo físico del adolescente juega un papel Importante en su concepto de sí mismo e influye en su comportamiento. Es muy importante que los padres sean comprensivos con los adolescentes y les expliquen el significado de los cambios físicos y de las emociones resultantes, especialmente en cuanto al desarrollo sexual.

b) *La búsqueda de la realidad.* La adolescencia es un período de cuestionamiento referente a muchas cosas, incluso a la religión. El adolescente quiere descubrir por sí mismo la realidad en su derredor; va dejando el mundo de fantasía de la pre adolescencia y piensa más en lo práctico.

Los padres creyentes no deben sorprenderse si su hijo adolescente formula preguntas tales como « ¿Por qué Dios no hizo a la raza humana de tal manera que no pudiera pecar?», o «si Dios es el Dios de amor, ¿por qué permite que los hombres se maten unos a otros?» No es que rechace lo que se le ha enseñado, sino más bien que demanda bases racionales para sus creencias.

c) *Desarrollo social.* El adolescente abandona paulatinamente el estrecho punto de vista social de la época de su niñez. Tiene ahora una nueva conciencia de sí mismo y un creciente interés respecto a otras personas. Le interesa mucho saber lo que otros piensan acerca de él, especialmente los del sexo opuesto. Sin embargo, a menudo le es difícil relacionarse bien con los adultos, aunque desea ardientemente ser adulto y ser aceptado por ellos.

d) *Sexo y amor.* El preadolescente es homosocial, es decir, Juega casi exclusivamente con niños del mismo sexo. A esta edad, los niños menosprecian a las niñas, y ellas piensan que los niños son «demasiado bruscos y molestos».

Es evidente que cuando la formación sexual es adecuada, contribuirá tanto a que el joven vaya pasando por las diferentes etapas de su desarrollo de forma normal, como a que se enfrente a su vida amorosa y sexual futura con naturalidad y madurez.

e) *Independencia* e *identidad.* Es Importante que durante la adolescencia la persona aprenda a tomar sus propias decisiones, a asumir responsabilidades y a dejar atrás la vida protegida y dominada por sus padres. El deseo del Joven de independizarse y establecer su propia identidad es normal, pero a veces toma una forma equivocada.

2. Los padres y los adolescentes.

Consideremos algunas áreas problemáticas:

a) El *distanciamiento entre las generaciones.* Muchos de los conflictos existentes entre padres y adolescentes resultan por la falta de comprensión y comunicación, a causa de las barreras transgeneracionales.

La falta de experiencia puede causar también falta de comunicación.

b) *El choque entre las normas del hogar y las del grupo de los compañeros del adolescente.* El adolescente a veces hace oídos sordos a los consejos de sus padres, considerándolos anticuados. El problema se toma más agudo en los casos en que el muchacho elige malas compañías. Conviene que los padres estimulen a sus hijos para que traigan sus amigos a casa, pues de esa manera estarán en condiciones de conocer a sus amistades y emitir así un juicio justo con respecto a si son adecuados o no.

c) *La lucha para lograr la autodeterminación.* El adolescente hace intentos para ser reconocido como una persona digna y capaz de tomar sus propias decisiones. Por lo general, los padres reconocen la importancia de que se independice, pero a su vez quieren protegerlo de errores y de la corrupción.

SI los padres discrepan entre sí en cuanto a sus conceptos sobre el comportamiento de su hijo, tal actitud deja al adolescente sin saber cómo comportarse o qué puede esperar de ellos.

25. ALCOHOLISMO Y DROGADICCION

La farmacodependencia se caracteriza por cambios significativos en la conducta de la persona y en el impulso irrefrenable de consumir la sustancia para experimentar sus efectos y, en muchas ocasiones, evitar el malestar que produce dejar de tomarla.

El abuso intermitente de algún fármaco puede evolucionar en una dependencia. Al final, la persona no puede vivir una vida normal sin la sustancia. Estas personas acaban utilizando dosis cada vez más grandes o tomando otro tipo de fármacos para superar la tolerancia que se desarrolla con el uso regular. Hablemos del alcoholismo:

1. ¿Qué es el alcoholismo?

Muchas personas no distinguen entre el alcohólico y el individuo que ingiere excesivamente bebidas alcohólicas los fines de semana o aun a diario, pero que puede dominar su deseo de beber.

El alcoholismo pertenece a la categoría de las enfermedades de adicción y es la más común y devastadora de estas. El alcohólico crónico es adicto física y psicológicamente a la droga llamada alcohol. El alcohol comienza a ocupar el centro de la existencia. El alcohólico necesita tener disponible la botella en todo momento.

El alcoholismo es el causante de muchas familias hundidas en la pobreza. Muchos niños sufren sin hogar, sin comida, sin educación y sin salud, por la desdicha de tener un padre alcohólico.

El alcoholismo es el suicidio a plazos. Las estadísticas demuestran que el alcohólico que comienza a beber a los veinte años muere a los cincuenta. Su enfermedad ha acortado en doce a quince años su vida.

2. Los estragos del alcoholismo.

El alcohol es una de las drogas más peligrosas que ingieren los seres humanos. Si se consume continuamente en grandes cantidades, ataca los sistemas circulatorio, respiratorio, digestivo y nevoso. El alcohol irrita e inflama el estómago y los intestinos, y hace subir la presión arterial.

El alcohol altera drásticamente la personalidad del individuo. Un hombre que es cariñoso y atento con su familia, cuando toma, puede tornarse ruidoso, abusivo, egoísta, irresponsable y cruel en el hogar. Sus normas de conducta cambian radicalmente.

Se dice que «**el alcohol disuelve la conciencia**» El individuo no cumple con los valores inculcados en su juventud. Por regla general, les echa toda culpa de su conducta a su esposa e hijos, y gasta la mayor parte de sus entradas en el vicio. A menudo pierde su empleo y no puede sostener a su familia. Se aleja más y más de la sociedad.

El alcoholismo es un problema familiar, una enfermedad que produce consecuencias emocionales, sociales, físicas y espirituales en todos los miembros de la familia. Es un solo individuo el que toma compulsivamente, pero un promedio de cinco personas se enferman como resultado de ello.

26. ALCOHOLISMO Y DROGADICCION (CONT.)

3. **Recursos para el tratamiento del alcoholismo.**

Alcohólicos Anónimos, afirma que entre el sesenta y cinco y el setenta y cinco por ciento de los alcohólicos que reciben su terapia, se recuperan y llevan vidas normales. Los tratamientos exigen abstinencia perpetua, es decir, tratarse implica no volver a probar una gota más de alcohol.

La organización «Alcohólicos Anónimos» ha establecido grupos en varias ciudades de América Latina y ha tenido una buena medida de éxito en la rehabilitación de los alcohólicos. Los alcohólicos se mantienen ayudándose unos a otros y testificando acerca de sus victorias y de cómo las lograron. Se recalca la necesidad de vivir la vida de día en día, y sin quejarse del pasado, ni preocuparse del porvenir. El postulado del tratamiento que ofrece Alcohólicos Anónimos es que el alcohólico es completamente impotente en sí mismo para vencer su enfermedad y necesita rendirse incondicionalmente a Dios para ser liberado. Los doce pasos hacia la abstención son:

1) Hemos de reconocer que somos impotentes contra el alcohol, que nuestra vida se ha vuelto ingobernable.

2) Hemos de aceptar abiertamente que solo un poder superior al nuestro puede devolvernos la salud.

3) Tenemos que decidirnos a entregar nuestra voluntad y nuestra vida al cuidado de Dios *a nuestra manera de verlo.*

4) Tenemos que hacer un inventario íntimo y audaz de nuestro estado moral personal.

5) Hemos de reconocer delante de Dios, delante de nosotros mismos, y delante de cualquier otro ser humano, la naturaleza exacta de nuestros errores.

6) Estamos enteramente dispuestos a que Dios quite de nosotros todos estos defectos de carácter

7) Le pedimos a él con toda humildad que quite nuestras deficiencias.

8) Hacemos una lista de todas las personas a quienes hemos hecho mal, y estamos dispuestos a desagraviarlos a todos ellos.

9) Desagraviamos a todos siempre que nos sea posible, salvo en el caso de que al hacerlo les provoquemos daño a ellos o a otras personas.

10) Continuamos haciendo un inventario personal y cuando estemos equivocados, estaremos prontos a reconocerlo.

11) Buscamos por medio de la oración y de la meditación, mejorar nuestro contacto consciente con Dios*a nuestra manera de verlo,* orando solo para conocer su voluntad en cuanto a nosotros y pidiendo poder, para llevarla a cabo.

12) Habiendo tenido un despertamiento espiritual con motivo de estos pasos, tratamos de llevar este mensaje a los alcohólicos y poner en práctica estos principios en todos nuestros asuntos.

Los doce pasos contienen aspectos de la experiencia de la conversión evangélica. El reconocimiento del fracaso, la confesión de las faltas, el reconocimiento de Dios (un poder superior al nuestro), y la obligación de llevar el mensaje a otros.

4. **Consejería al alcohólico y a su familia.** Es Importantísimo que el consejero no considere al alcohólico ni como un pecador vil y despreciable, ni como un ser débil. Aunque la Biblia denomina pecado a la embriaguez, debemos darnos cuenta de que el individuo que toma

compulsivamente es un enfermo; el alcoholismo comienza con el pecado de beber en exceso, pero este se convierte en una enfermedad crónica. Condenando al alcohólico no se logra más de lo que se obtiene juzgando a la persona enferma de cáncer o al endemoniado. Además, condenar al alcohólico solamente aumenta su ya pesado complejo de culpa y lo lleva más profundamente al abismo del alcoholismo.

Nadie puede ayudar al alcohólico hasta que el mismo se dé cuenta de que es alcohólico y que es completamente impotente en cuanto a gobernar su problema. Cuando llega a este punto, entonces está en condiciones de evaluar su relación con Dios, con su prójimo y consigo mismo. Tiene que ver que las consecuencias de su enfermedad son peores que el dolor que experimentaría al dejar de beber.

Las personas que el aprecia o que son importantes para él, tales como su esposa, el Jefe o los amigos, deben hablarle con solicitud y franqueza sobre la necesidad de buscar ayuda. Este es el primer paso hacia la curación. No basta que el deje de tomar, aunque es un paso Imprescindible; necesita recibir también tratamiento médico y terapia de grupo. Muchos alcohólicos procuran dejar el vicio por su propia cuenta, y lo hacen por un período, desde tres semanas hasta cuatro meses, pero casi siempre vuelven a tomar. Es necesario que el alcohólico se dé cuenta de que no puede lograrlo por sí solo y necesita el poder divino para vencer. Para recibir dicho poder es preciso rendirse ante la cruz de Cristo.

    5. La **drogadicción.** ¿Qué se debe hacer para ayudar al farmacodependiente? La hospitalización puede romper la

dependencia física en el transcurso de tres semanas, pero dado que queda el deseo ardiente de ingerir las drogas, tal programa no basta por sí sólo; la conversón a Cristo ha probado ser la manera más eficaz de efectuar la liberación.

El pastor no debe darle dinero al adicto. A veces un farmacodependiente viene al ministro del evangelio pidiendo consejos y oración; le dice "Quiero ser liberado del hábito ¿Puede ayudarme? Al ganar la confianza del pastor, le pide dinero para comprar drogas; los drogadictos llegan a ser muy astutos en el asunto de aprovecharse de otros.

Los centros de rehabilitación, como los que ha organizado David Wílkerson, han tenido mucho éxito. Son hogares en que los miembros de pandillas y grupos de drogadictos pueden reunirse con obreros cristianos que son especialistas en ayudarlos. Viven en un ambiente de disciplina y afecto. Participan en los cultos de oración y estudios bíblicos, observan como los creyentes viven y trabajan, ya ellos mismos se les asignan trabajos. Después de desarrollarse espiritualmente, son despedidos e integrados a iglesias en las cuales la gente está dispuesta a aceptarlos.

27. EL CONTROL DE LAS EMOCIONES

Dios nos creó capaces de experimentar emociones: Amor, enojo, repugnancia, congoja, temor, culpa, gozo, exaltación y otros sentimientos.

La emoción fuerte es muy eficaz para preparar el cuerpo para una emergencia

a) Hace posible que la persona haga un esfuerzo durante un período prolongado sin sentir fatiga. Por ejemplo, los soldados en combate a menudo pueden estar en actividad veinticuatro horas sin dormir.

b) El cuerpo, en estado de alerta, es capaz de hacer algo que requiera una fuerza extraordinaria. Un hombre asustado en un incendio, recogió una caja fuerte y la llevo fuera de la casa, luego se necesitaron tres hombres para entrarla de nuevo.

c) La emoción fuerte tiende a hacer insensible el cuerpo al dolor. Dos hombres airados que se dan golpes apenas sienten dolor.

A veces experimentamos alguna emoción fuerte de la cual no nos damos cuenta.

Las emociones intensas, tales como ansiedad, temor y enojo, a menudo perjudican nuestra capacidad de percibir y pensar con lucidez y nos estorban al solucionar los problemas El temor puede exagerar la gravedad del problema, paralizarnos e impedir toda acción constructiva. Por regla general, el enojo o deseo de vengamos se traduce en una conducta insensata y contraproducente.

¿Cómo se pueden controlar las emociones de una manera sana? El primer paso es entregarse a Cristo y experimentar el nuevo nacimiento.

Otro paso fundamental es aprender a reaccionar correctamente ante las emociones. Hay gente que da rienda suelta a sus sentimientos y eso puede ser muy dañino. Veamos lo que sigue:

1. Enojo. La Biblia reconoce que hay lugar para airarse, no toda ira es mala «Airaos, pero no pequéis, no se ponga el sol sobre vuestro enojo» (Efesios 4: 26). Jesús se enojó al ver la profanación del templo, y al ver la reacción de los fariseos en la ocasión en que sanó al hombre de la mano seca (Marcos 11: 15-18,35); Moisés se indignó cuando los israelitas le rindieron culto a un becerro de oro (Éxodo 32: 19,20).

En cambio, si el enojo fue provocado por alguna injustica, conviene en la mayoría de los casos hablar con la persona que lo ofende. Jesús dijo: "Si tu hermano peca contra tí, ve y repréndele estando tú y él solos, si te oyere, has ganado a tu hermano" (Mateo 18: 15). La palabra griega traducida por «reprender», significa «convencerle de su falta» o «hacerle reconocer su mal» Es obvio que la persona ofendida no debe tratar de humillar y castigar al ofensor, pues los dos deben hablar «solos» para que no se divulgue el problema.

Hay varias ventajas en comunicarse con el ofensor:

(1) Nos ayuda a darnos cuenta de que estamos enojados, es mucho mejor comunicar la emoción que reprimirla y luego sentirnos frustrados y deprimidos.

(2) Nos ayuda a perdonar. No es necesario comunicar nuestro sentimiento para perdonar, pero nos ayuda a no guardar secretamente el rencor.

(3) Dios puede emplear nuestras palabras para hacerle reconocer al ofensor que se ha comportado mal.

(4) Puede conservar la intimidad en la amistad o en el matrimonio. Por ejemplo, la esposa que no comunica verbalmente su emoción negativa, suele hacerlo de otras maneras, tales como preparar tarde la cena o quemar la comida.

(5) Generalmente produce respeto en los demás, pues indica que no somos cobardes y que podemos controlar nuestras emociones.

En conclusión, el enojo no es pecaminoso en sí mismo, pero puede llevarnos al pecado, si damos rienda suelta a nuestros sentimientos o los expresamos para lastimar a otros.

2. **Temor y ansiedad.** El temor tiene muchos grados y toma varias formas: Preocupación, afán, timidez, apocamiento, ansiedad, espanto y consternación.

¿Cómo se puede controlar la ansiedad? En primer lugar, es preciso reconocer que se la tiene. Negarla no le ayuda al individuo. Luego conviene distinguir entre la ansiedad verdadera y la que es irracional ¿Existe un peligro verdadero?

¿Es exagerada la ansiedad o es proporcional al peligro? (A las personas cansadas o desanimadas, los problemas les suelen parecer enormes o exageradamente amenazantes).

El pastor debe señalarle al creyente ansioso que los inagotables recursos divinos se encuentran a su disposición «Por nada estés afanosos, sino sean conocidas vuestras peticiones delante de Dios en toda oración y ruego, con acción de gracias y la paz de Dios, que sobrepasa todo entendimiento, guardará vuestros corazones y vuestros pensamientos en Cristo Jesús» (Filipenses 4: 6,7).

3. **Culpa.** Aunque el sentimiento de culpa a veces nos aflige, tiene un propósito muy beneficioso, sirve de aviso de que algo no está bien en el alma, y en nuestra relación con Dios. El tormento de sentirse culpable tiene el propósito de

llevamos a la limpieza de la confesión, y ésta restaura la comunión con Dios.

El perdón divino tiene ciertos requisitos para ser eficaz:

(1) El individuo tiene que reconocer el pecado; si el consejero se dedica a tratar de convencer al consultante de que su pecado es una insignificancia que Dios puede pasar por alto, el resultado será que el perdón le parecerá algo sumamente barato.

(2) Es preciso sacar a la luz el pecado y no procurar reprimirlo. Si el consultante lo reprime, queda como un elemento destructor en su personalidad.

(3) El perdón divino se basa en la obra expiatoria de Jesucristo. Este es el corazón del evangelio. La Biblia reconoce la realidad del pecado, pero también presenta una expiación tan grande que satisface a la justicia divina.

(4) El perdón divino restaura cabalmente al consultante y le da la aceptación incondicional para ser hijo de Dios. Al igual que el padre en la parábola recibió al hijo pródigo, Dios nos recibe con alegría cuando nos volvemos a él.

28. LA DEPRESIÓN

El famoso estadista y emancipador de la gente de color de los Estados Unidos, Abraham Lincoln, dijo: «La mayoría de la gente es tan feliz como decida serlo». Era una persona propensa a estar deprimida, y sufrió muchas desilusiones. En un punto de su vida, pensó en el suicidio como salida, pero prefirió superar su depresión y ser feliz. Logró la paz interior y la felicidad durante los últimos años de su vida.

El pastor evangélico debe tener la misma confianza que tenía Lincoln, y así ayudar a las personas deprimidas a salir «del pozo de la desesperación». A menudo sus consejos pueden llegar a impedir que tales individuos se quiten la vida. Para ayudarlos sin embargo, es preciso que antes se entienda bien la naturaleza de la depresión y se sepa cómo se puede vencer.

1. Síntomas de la depresión. Los síntomas típicos de la depresión, desde la moderada hasta la más fuerte, son fáciles de reconocer. Comprenden lo Siguiente:

a) Pérdida del apetito y la consecuente pérdida de peso en un período relativamente breve. (Algunos individuos deprimidos, sin embargo, comen en exceso y engordan)

b) Un marcado cambio en los hábitos de dormir. Algunos deprimidos duermen demasiado y se despiertan cansados pero la mayoría sufren de insomnio.

c) Sentimientos de culpa e indignidad. Muchos deprimidos se censuran duramente a SI mismos y se sienten culpables cuando no tienen culpa. Exageran sus deficiencias e ignoran sus virtudes.

d) La apatía, el desgano y la actitud de «no me importa». Los deprimidos a menudo descuidan su apariencia.

e) Desesperanza. Por regla general, se siente impotente para solucionar su situación y es incapaz de vislumbrar una salida.

f) Dolencias físicas. Varios dolores en general, mareos, palpitaciones cardiacas, dificultades respiratorias, presión en el pecho, acidez estomacal y estreñimiento. De vez en cuando la depresión se manifiesta en trastornos sicóticos caracterizados por períodos alternados de exaltación y depresión. En los períodos de exaltación el individuo es entusiasta e hiperactivo, luego cae en una depresión tan profunda, que a menudo le dan deseos de suicidarse. Tales reacciones se denominan «reacciones maniacodepresivas».

2. **Causas de la depresión.** Aunque no se saben a ciencia cierta todas las causas de la depresión, algunas son bien conocidas. A veces es la reacción a una enfermedad prolongada, al agotamiento físico o emocional, a la pérdida de un ser querido, a la ruptura de un romance, al rechazo por parte de personas apreciadas, o a la separación matrimonial. La soledad es a la vez causa y consecuencia de la depresión.

Muchas mujeres sufren de depresión al llegar a los cuarenta y cinco años. Ya no son atractivas físicamente como antes, sus hijos han dejado la casa para establecer sus propias familias, y se sienten casi solitarias. Les parece que han perdido su propósito de vivir, que ya no son útiles.

Todos nosotros hemos observado a ancianos que mantienen una fe firme en el Señor, tienen un vivo interés en el bien de los demás y siguen activos visitando a los enfermos, e intercediendo ante Dios por otros; no queda lugar para que la depresión se albergue en ellos.

4. **Suicidio.** Algunas personas encuentran la vida tan desalentadora, que la única salida en la que piensan es quitarse la vida. El suicidio hace estragos entre los parientes sobrevivientes y entre los amigos. Los hijos o el cónyuge del suicida sienten vergüenza, y con frecuencia, se culpan a sí mismos.

Los hijos de los suicidas también son más propensos a seguir el ejemplo de su padre o madre, y pueden terminar por quitarse la vida.

5. **Consejería a los individuos que tienen Impulsos suicidas.** El pastor que se acerca a los miembros de su congregación, a veces observa en algunos de ellos síntomas de depresión profunda o de impulsos suicidas. El primer paso para orientar a tal persona es escuchar con empatía lo que dice. Es incorrecto tratar de animarla antes de que haya logrado descargar sus sentimientos. Alguien dijo: «Las emociones suicidas le tapan los oídos al individuo».

El consejero puede ayudarle a hablar acerca de sus problemas, reflexionando de la siguiente forma «Las cosas le parecen muy difíciles y penosas», o «Comprendo que se sienta desesperado». SI la persona llora, grita con enojo o se pone hostil hasta criticar al pastor, conviene permitirle que se exprese. Es importante que el pastor este sereno, tranquilo, confiado y firme.

A veces, es necesario preguntarle a la persona si ha llegado a pensar en el suicidio; algunas personas esquivan el asunto porque tienen vergüenza de mencionarlo. El consejero le preguntará también acerca de su motivo para pensar en suicidarse; después de expresar sus sentimientos, el individuo está preparado para recibir palabras de aliento.

29. CONSEJERÍA A LAS PERSONAS DEPRIMIDAS

Es un gran error pensar que se puede animar al deprimido mostrándose muy jovial (alegre). El proverbista dijo al respecto: «El que canta canciones al corazón afligido es como el que quita la ropa en tiempo de frío, o el que sobre el jabón echa vinagre» (25: 20). La persona que se pone muy alegre y chistosa, solamente irrita al deprimido.

Tampoco conviene criticarlo por estar deprimido, necesita el máximo de comprensión. El pastor debe escuchar con empatía lo que le dice el deprimido, pero no conviene condolerse de él. No hay duda de que la compasión y la comprensión son apropiadas, pero los deprimidos ya han tenido excesiva conmiseración de ellos mismos. SI se conduele de la persona, esta aumentará su autocompasión y tenderá a hundirse más en la depresión. Contará de nuevo su problema, volviendo a abrir las heridas y prolongando la depresión. Centrará su atención en su sufrimiento en vez de buscar una solución.

Se ve en el relato de Elías, cuando estaba bajo el enebro, un modelo de cómo orientar al deprimido (1 Reyes 19) El profeta desilusionado deseaba morir ¿Cómo curó Jehová el desánimo de su siervo?

(1) Proveyó lo que necesitaba físicamente. Después del tremendo entusiasmo del estímulo espiritual recibido en el monte Carmelo y de los veinticinco kilómetros que recorrió en la carrera hasta Jezreel, era natural que un abatimiento físico y emocional se apoderara de él. Dios sabía que el estado de ánimo de Elías se debía en parte a su situación; por eso lo dejó dormir y luego le envió un ángel con comida. No lo censuró ni lo obligó a tomar una decisión.

(2) Jehová aclaró la visión del profeta sobre su situación, lo que deshizo sus pensamientos negativos. Primero, le hizo sacar a la luz sus sentimientos y así le dio la oportunidad de verse a sí mismo. En el pozo del desatento, hablando en

sentido figurado, Jehová le formuló preguntas escrutadoras «¿Qué haces aquí, Elías?» De la misma manera, el deprimido debe hacer un inventario de su situación ¿Por qué estoy en el pozo del desaliento? ¿Qué pienso? ¿Qué hago yo por sanar de la depresión?

La respuesta de Elías da señales de conmiseración de sí. El profeta se quejó de que a pesar de todo su fervor por Dios, se encontraba solo, olvidado y arrojado de su país. Le parecía que el reino de Dios estaba por fenecer, que solo él era fiel y su situación era insoportable. Dios le hizo saber que en realidad no era el único que sufría persecución y que permanecía fiel, que no estaba solo, y ni la verdad ni la fe morirían con él. El deprimido a menudo piensa que su caso es único y que es el más desgraciado de todos los mortales. Le parece que su situación carece de solución.

(3) Jehová hizo que Elías desviara los ojos de sí mismo y le dio trabajo; una de las mejores curas para la excesiva preocupación por sí mismo, es preocuparse por las necesidades de los demás. Si la persona se ocupa en una actividad de valor, o aun en un pasatiempo, se sentirá más satisfecha y contenta.

(4) Dios le hizo saber a Elías que la situación no era controlada por Jezabel sino por Dios. Lo comisionó para que ungiera a los nuevos monarcas de Damasco y de Israel. La casa de Acab sería exterminada. Es Importante que el deprimido sepa que Dios rige los destinos del hombre. No es víctima de las circunstancias de la vida «Todo lo puedo en Cristo que me fortalece»

A veces la depresión de un individuo es tan profunda y crónica, que el interés y apoyo del pastor, de los parientes o de los amigos no puede curarlo; puede ser que el deprimido esté a punto de suicidarse o de sufrir un trastorno psicológico. Conviene complementar el apoyo emocional con medicamentos antidepresivos o una breve hospitalización.

30. ENFERMEDAD Y PÉRDIDA

Hay algunas normas que se deben observar en las visitas que se hacen a los enfermos en el hospital. El pastor debe hacer visitas frecuentes pero breves, de diez a quince minutos; bebe elegir una hora en que no interrumpa la labor de los que trabajan con los pacientes, como sucedería a la hora de cambiar las sábanas o de servir la comida.

Nunca debe sentarse en la cama del paciente. Demostrará buen ánimo, pero no hablara en voz muy alta, y no contará chistes ni chismes. Hay Ciertos temas que se deben evitar en las conversaciones. No se debe tratar sobre enfermedades de otros, ni las dificultades que nunca faltan.

Conviene elegir con esmero una porción bíblica apropiada y corta. Si la persona está preocupada o se siente deprimida, lecturas tales como el Salmo 27 1-10 o 34 1-8, pueden fortalecerla.

Orientación a los desahuciados. Ministrar a un enfermo que no tiene esperanza de recuperarse, puede ser muy difícil para el pastor. Pocas personas quieren pensar en la muerte y casi todas se sienten incómodas ante su presencia. ¿Cómo puede el consejero prepararse bien para este ministerio tan delicado? El primer paso es comprender a los desahuciados. ¿Cómo reaccionan los enfermos de muerte al acercarse a su fin? La siquiatra Elisabeth Kübler-Ross, En su libro On*death and dying* [Sobre la muerte y el morir], indica que hay cinco etapas consecutivas por las cuales pasan los desahuciados:

(l) Negación de la realidad y aislamiento. Al saber que va a morir, el enfermo reacciona: "No, no puede ser. Esto no me puede ocurrir a mí". No quiere creer la noticia. Esta negación es una defensa, pues nadie quiere admitir que su propia muerte se acerca. El paciente busca evidencias de que el diagnóstico no es correcto, pero poco a poco se acostumbra a la idea de morir. La negación disminuye el impacto de la noticia.

(2) Enojo. Al aceptar la veracidad del diagnóstico, se pregunta: "¿Por qué yo precisamente?" y "¿Por qué no ha de ser un anciano o alguien que no le sirva de nada a la sociedad?" Expresa su frustración adoptando una actitud crítica y muy exigente ante el personal del hospital. También puede volverse en contra de sus seres amados, contra el pastor y hasta contra Dios mismo. A los parientes del enfermo les cuesta entender su actitud, y conviene que el consejero les señale que es solamente una reacción provocada por la frustración. Deben comprender al enfermo y no contestarle con indignación ni dejar de visitarlo.

(3) Regateo. Después del período de enojo, el desahuciado pasa por una etapa en la que trata de regatear con Dios para que le conceda una prolongación de la vida o el alivio del dolor. Por ejemplo, pide que le dé algunos meses más para presenciar la boda de su hijo u otro acontecimiento importante. Muchas veces promete servir a Dios fielmente si le prolonga la vida.

(4) Depresión. Al ver que su salud no se recupera, el enfermo de muerte se desanima. Experimenta congoja por

tener que morir. La depresión puede tomar dos formas. La primera es que el desahuciado reacciona contra la enfermedad y sus consecuencias. Por ejemplo, extraña a sus familiares, es privado de su recreación y diversiones, o es menos atractivo físicamente que antes. La segunda forma de desaliento consiste en el pesar que experimenta al reflexionar acerca del futuro. Es la preparación para perderlo todo, es decir, para morir. Para el creyente, el morir es «ganancia», pues estará con Cristo, «lo cual es muchísimo mejor». Sin embargo, a menudo se preocupa por el bien de los familiares que van a quedar.

(5) Aceptación. La mayoría de los enfermos desahuciados llegan al punto en que no resisten más, aceptan el hecho de que van a morir, y así experimentan un cierto grado de paz. No debemos confundir aceptación con contentamiento; en esta etapa la persona está casi carente de sentimientos. Es como si la pena hubiera pasado y hubiera terminado la lucha; ya ha llegado la hora final antes de hacer el último viaje.

¿Cómo se puede aconsejar a los moribundos? Es fundamental que el consejero tenga una actitud sana con respecto a la muerte. Alguien dijo: «Los médicos, los familiares y aun los pastores y demás dirigentes de la Iglesia tienden a evitar al paciente moribundo Incluso cuando el pastor efectúa una visita, es frecuente la tendencia a leer una porción de la Escritura y orar, pero eludiendo toda alusión a la muerte o a las necesidades y preocupaciones de los moribundos». La muerte, en especial la de un creyente, no debe ser considerada como algo espantoso, temible y misterioso. Al contrario, es una parte normal de la vida según la revelación bíblica, es una translación de una etapa a otra, es abandonar el cuerpo para estar con el Señor, como lo dice Pedro (2 Pedro 1: 14).

El pastor debe animar a sus miembros a hablar con franqueza y naturalidad sobre el tema y hacer preparativos para tal eventualidad.

BIBLIOGRAFÍA

1. Hoff Pablo, El Pastor como Consejero
2. Giles E. James, De Pastor a Pastor
3. Christenson Larry, La Familia Cristiana
4. Autores varios, Psicología conceptos psicológicos prácticos para el obrero cristiano
5. Pearlman Myer, Teología Bíblica y Sistemática
6. Kubler-Ross Elisabeth, Sobre La Muerte y El Morir
7. M. Rosental y P. Iudin, Diccionario de Filosofía

NEFTALÍ HERNÁNDEZ

Made in United States
Troutdale, OR
07/20/2023